ヒチョル式
超簡単ハングル講義

1日で ハングルが 書けるように なる本

チョ・ヒチョル=著

Gakken

は じ め に

アンニョンハセヨ?

　韓国語を勉強していくうえで、ハングルの読み書きに手こずることも多いと思います。慣れていなければ○と□と│の組み合わせのように見え、いずれも似たり寄ったりで……、となってしまいますね。それは筆者が日本語の仮名を習ったときも同じような経験をしました。平仮名の「あ」と「お」、カタカナの「シ」と「ン」の区別はなかなか難しかったです。

　本書は韓国語ジャンルのベストセラーになっている拙著の「1時間でハングルが読めるようになる本」のヒチョル式メソッドを利用して、ハングル文字を1日で書けることを目標にした本です。

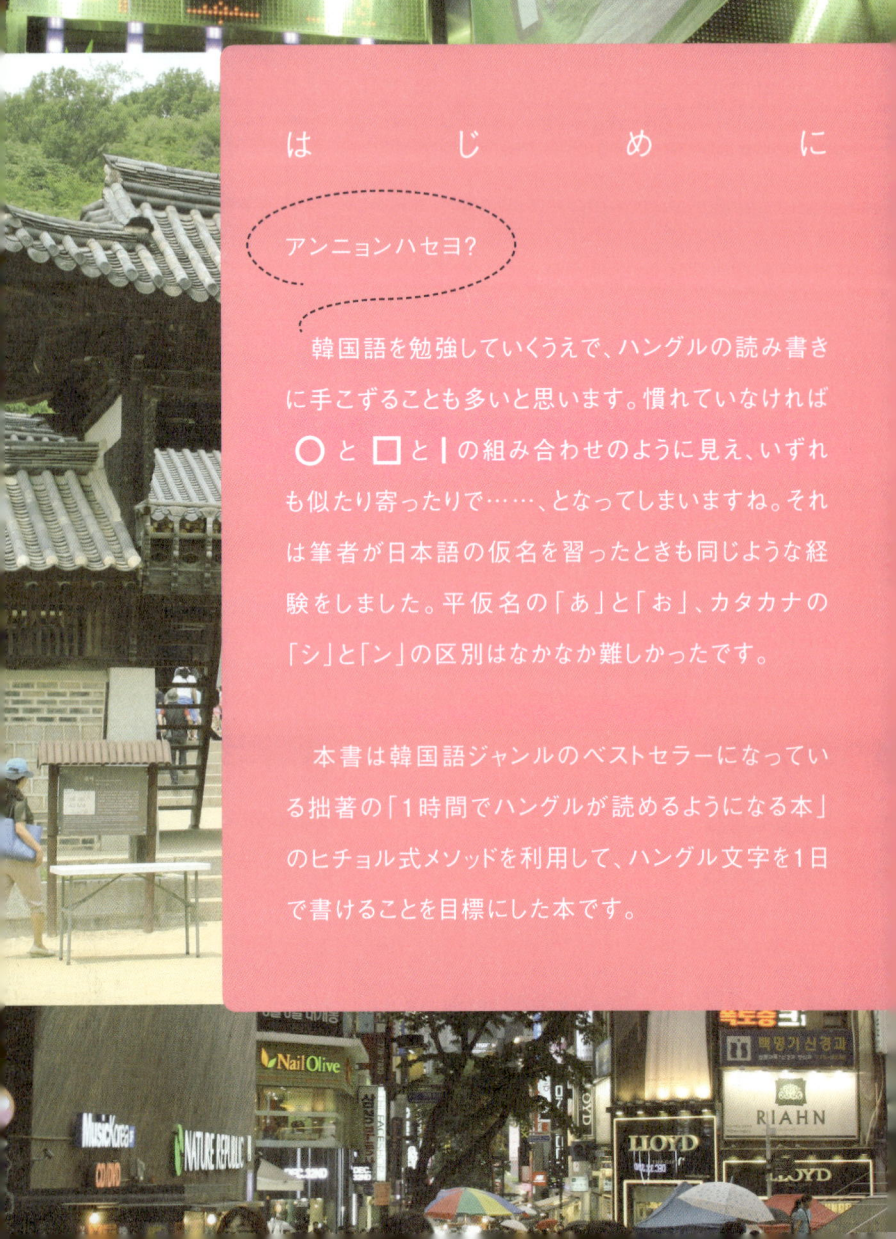

　ハングル文字の書き方から、実際、街でよく見かけられる看板、商品や本の広告まで多様な字体のハングル文字に触れることができ、使用頻度の高い基本的な単語を直接書きながら覚えられるようにしました。形で覚える独自の方法と繰り返し書くことによって、自然と身についていくに違いありません。

　ハングルの読み書きができるようになれば、韓国語の勉強はもちろん、韓国への旅行や韓流ドラマ、K-POPなどのエンタテインメントに触れたりする際に楽しみがもっともっと広がるはずです。

　どうか、読者のみなさんが本書を通じてハングルの読み書きをマスターされることを心からお祈りします。

2012年7月　チョ・ヒチョル

目次

はじめに ……… 4
本書の特長と使い方 ……… 8

0時間目 自分の名前をハングルで書こう ……… 9

自分の名前をハングルで書いてみよう! ……… 10
【仮名ハングル対照表】……… 12
自分の名前を分解してみよう! ……… 16

1時間目 「ア、イ、ウ、エ、オ」の母音 ……… 19

「ア、イ、ウ、エ、オ」の単母音を覚えよう! ……… 20
ハングルの構造 ……… 32
[コラム] あいさつ語を覚えよう(その1) ……… 34

2時間目 ヤ行・ワ行の母音、二重母音 ……… 35

「ヤ行」の母音を覚えよう! ……… 36
ワ行の母音を覚えよう! ……… 43
二重母音を覚えよう! ……… 49
[コラム] あいさつ語を覚えよう(その2) ……… 52

3時間目 鼻音と流音の子音 ……… 53

ハングルは母音字と子音字に分けられる! ……… 54
鼻音と流音の子音を覚えよう! ……… 57
「ㄴ」はナスの[n]
「ㅁ」はマッチバコの[m]
「ㄹ」はラセンカイダンの[r]
【ハングル早見表】鼻音・流音 ……… 67
[コラム] あいさつ語を覚えよう(その3) ……… 68

4時間目 平音の子音 ………69

平音の子音を覚えよう! ………70
「パボ」の法則 ………75
「ㄱ」はカマの[k] ………76
「ㄷ」はタオルの[t] ………79
「ㅂ」はパッとの[p] ………83
「ㅈ」はスウォッチの[tʃ] ………86
「ㅅ」はサクランボの[s] ………90
【ハングル早見表】平音 ………94

5時間目 激音の子音 ………95

激音の子音を覚えよう! ………96

6時間目 濃音の子音 ………107

濃音の子音を覚えよう! ………108
【ハングル早見表】激音・濃音 ………119
[コラム] あいさつ語を覚えよう(その4) ………120

7時間目 鼻音と流音のパッチム ………121

鼻音と流音のパッチムを覚えよう! ………122
「カルビ」の法則 ………124
「パイナップル」の法則 ………129
[コラム] あいさつ語を覚えよう(その5) ………132

8時間目 閉鎖音のパッチム ………133

閉鎖音のパッチムを覚えよう! ………134
7つのパッチム発音の法則 ………135
二重パッチム ………140
[コラム] あいさつ語を覚えよう(その6) ………142

巻末スペシャル 自分の名刺をつくろう ………143

本書の特長と使い方

1日の学習でハングル文字を
書くことができるように主眼をおいた

本書にじっくり1日つき合っていただければ、必ずハングルが書けるようになるはずです。自信を持って挑戦してみましょう。「0時間目」から「8時間目」まで、もちろん復習の必要はありますが、各時間はそれぞれ無理のない作業量にしました。

形から連想するヒチョル式
メソッドだから、効率的に身につく

ただひたすら書くだけの一般的なドリルとは異なり、大ヒット「1時間でハングルが読めるようになる本」のヒチョル式メソッドを採用。ハングル文字の形から読み方を連想できるやり方と書き込み式ドリルを組み合わせ、楽しく覚えられるようにしてあります。また、実際に書き込みがしやすいよう、本がよく開く製本にしました。

街の看板や商品の
パッケージなどを数多く掲載

本書には、韓国の街やスーパー、本屋などで見かけられる看板や広告などの写真がいっぱい載っています。「机上の空書(?)」ならぬ、生きている文字に触れながら書く練習ができるようにしました。さまざまな書体やデザインに触れられるので、実際に街で見かければ大変おもしろく感じるはずですし、より実践的な勉強ができます。

以降の学習に役立てるために、
「ハングル検定5級」の基本的な単語からチョイス

初心者の方でも簡単に取り組むことができるよう、また学習をすでにはじめた方も復習として利用できるよう、単語は「ハングル検定5級」から選びました。そして、数多くの講義経験から、「自分の名前をハングルで書く」というテーマを最初に配置しました。巻末の「名刺のつくり方」、コラム「あいさつ語」を使って、旅行などさまざまな場面でハングルを堪能してみましょう。きっとコミュニケーションの一助になるはずです。

ハングルの書体について●下記の、色丸の部分のような違いは、書体が違っているだけで、同じ文字です。

ㅇ = ㅇ   ㅈ = ㅈ   ㅊ = ㅊ   ㅏ = ㅏ

時間目

自分の名前を
ハングルで書こう

自分の名前をハングルで書いてみよう!

　まず、ハングル文字に親しむために P.12 〜 13 の表（「仮名ハングル対照表」）を見て、自分の名前をハングルで書いてみましょう。**仮名の一文字はハングルも一文字なので、1 字に 1 字を当てていけばいい**のです。まず、例を見ながら簡単にルールと書き方を説明します。

① **自分の名前を「姓」と「名」に分けて書く。**

例）　高橋｜景子　　　山田｜金太郎
　　タカハシ｜ケイコ　　ヤマダ｜キンタロウ

② **「仮名ハングル対照表」を見ながら、1 字ずつ書き写す。**

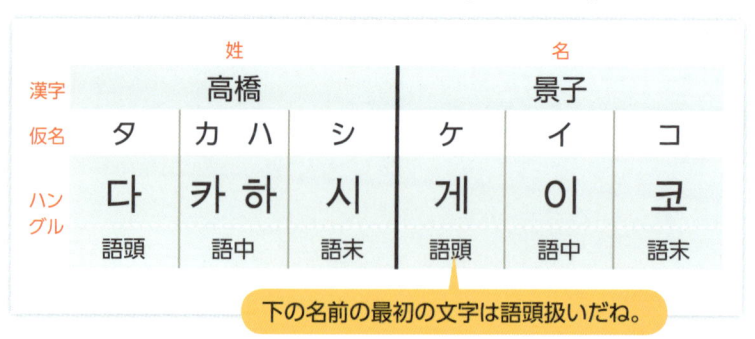

	姓			名		
漢字	高橋			景子		
仮名	タ	カ	ハ	シ	ケ	イ	コ
ハングル	다	카	하	시	게	이	코
	語頭	語中		語末	語頭	語中	語末

下の名前の最初の文字は語頭扱いだね。

「カ行、タ行、キャ行、チャ行」は語頭と語中・語末では表記が違うので注意しましょう。

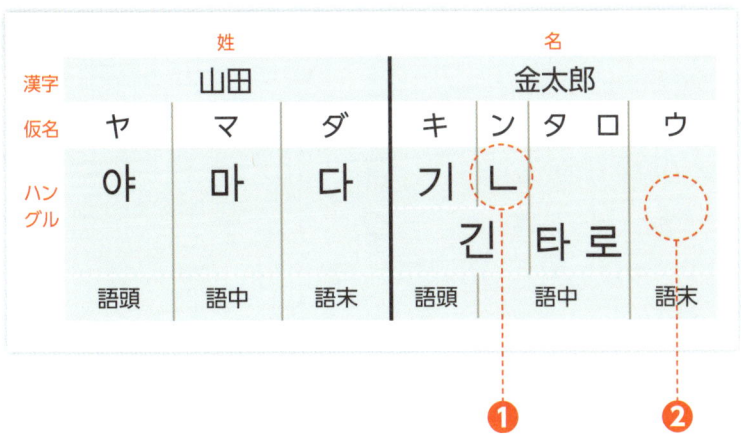

❶促音「ッ」は「ㅅ」、撥音「ン」は「ㄴ」で表記します。そして直前の文字の下に置いて1文字とします。

例）

カンダ　　　　　サッポロ
간다　　　　　　삿포로
（神田）　　　　（札幌）

❷長母音は特に表記しません。ローマ字で書くときと同じと思えばOKです。「金太郎」の場合、ローマ字表記だと、「Kintaro」ですね。

例）

オオタジロウ　　　トウキョウ　　　　ニッコウ
오타 지로　　　　도쿄　　　　　　　닛코
Ota Jiro　　　　　Tokyo　　　　　　Nikko
（大田次郎）　　　（東京）　　　　　（日光）

仮名ハングル対照表　a…語頭　b…語中・語末

ア 아	イ 이	ウ 우	エ 에	オ 오
カ　　　　　　 ᵃ가　ᵇ카	キ　　　　　　 ᵃ기　ᵇ키	ク　　　　　　 ᵃ구　ᵇ쿠	ケ　　　　　　 ᵃ게　ᵇ케	コ　　　　　　 ᵃ고　ᵇ코
サ 사	シ 시	ス 스	セ 세	ソ 소
タ　　　　　　 ᵃ다　ᵇ타	チ　　　　　　 ᵃ지　ᵇ치	ツ 쓰	テ　　　　　　 ᵃ데　ᵇ테	ト　　　　　　 ᵃ도　ᵇ토
ナ 나	ニ 니	ヌ 누	ネ 네	ノ 노
ハ 하	ヒ 히	フ 후	ヘ 헤	ホ 호
マ 마	ミ 미	ム 무	メ 메	モ 모
ヤ 야		ユ 유		ヨ 요
ラ 라	リ 리	ル 루	レ 레	ロ 로
ワ 와				ヲ 오
ッ ㅅ				ン ㄴ

「훗,둣,삿」のように前の文字の一番下にくっつけて表記。

「인,간,만」のように前の文字の一番下にくっつけて表記。

0時間目

ガ 가	ギ 기	グ 구	ゲ 게	ゴ 고
ザ 자	ジ 지	ズ 즈	ゼ 제	ゾ 조
ダ 다	ヂ 지	ヅ 즈	デ 데	ド 도
バ 바	ビ 비	ブ 부	ベ 베	ボ 보
パ 파	ピ 피	プ 푸	ペ 페	ポ 포

キャ a 야 b 캬	キュ a 규 b 큐	キョ a 교 b 쿄
シャ 샤	シュ 슈	ショ 쇼
ジャ 자	ジュ 주	ジョ 조
チャ a 자 b 차	チュ a 주 b 추	チョ a 조 b 초
ニャ 냐	ニュ 뉴	ニョ 뇨

ヒャ 햐	ヒュ 휴	ヒョ 효
ビャ 뱌	ビュ 뷰	ビョ 뵤
ピャ 퍄	ピュ 퓨	ピョ 표
ミャ 먀	ミュ 뮤	ミョ 묘
リャ 랴	リュ 류	リョ 료

練習❶ P.10〜11の 例）と同じように、P.12〜13の表を見ながら自分の名前を書いてみましょう。

姓

漢字			
仮名			
ハングル	語頭	語中	語末

名

漢字			
仮名			
ハングル	語頭	語中	語末

練習❷　次の人名や地名をハングルで書いてみましょう。

(1) 田中太郎

仮名

ハングル

(2) 北海道

仮名

ハングル

(3) 最寄りの駅名

仮名

ハングル

(4) 好きな人の名前

仮名

ハングル

解答　(1) 다나카 다로　(2) 홋카이도

自分の名前を
分解してみよう!

　ハングル文字はパーツとパーツの組み合わせなので、分解することができます。
　神田あやか（カンダアヤカ）という名前のハングル文字をさらに細かく見てみると…。

「神田　あやか」→「カンダ　アヤカ」→「간다 아야카」ですね。

カ	ン	ダ		ア	ヤ	カ
간		다	아	야	카
ㄱ ㅏ ㄴ		ㄷ ㅏ	ㅇ ㅏ	ㅇ ㅑ	ㅋ ㅏ
k a n		d a	- a	- ya	k a

　このように、分解すればローマ字と同じように子音・母音をそれぞれのパーツが表していることがわかりますね。
　日本語を表す「あ、か、サ、タ」といった仮名は子音と母音を区別しないでひとまとまりで表す文字（音節文字）です。また、「a, b, c」といった英語を表す文字は仮名と違ってひとまとまりではなく、子音と母音が別々の文字（音素文字）になっています。それに比べて**ハングルは、日本語のようにひとまとまりずつの文字としても成り立ち、また、アルファベットのように別々の文字に分けることもできる変幻自在の文字**というわけなんですね。

さらに今度は、分けてみた名前の子音文字と母音文字に注目してみましょう。小波須恵（コナミスエ）という名前を例にしてみます。
「小波　須恵」→「コナミ　スエ」→「고나미　스에」となります。

黒字が子音、赤字が母音です。

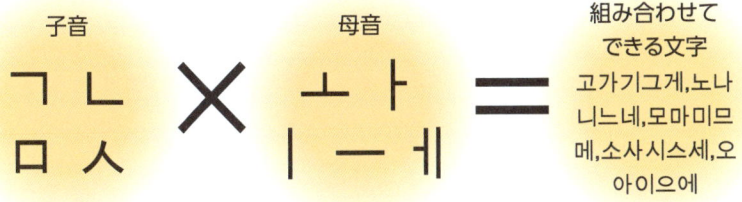

というように、ハングル文字は芋づる式にどんどん組み合わせていくことができるのです。つまり、子音と母音をうまく覚えていけば、その組み合わせで、読んだり書いたりすることができる文字も増えていきます！　本書では、それを効率的にできるようになっています。

練習❶　自分の名前のハングルを、子音と母音に分解して書いてみましょう。

姓

名

※名前に「삿」や「인」のように「ッ」や「ン」が含まれていたら、右の例のように下段の2マス分で3字に分解してください。

練習❷　日本の駅名です。ハングルで読んでみましょう。

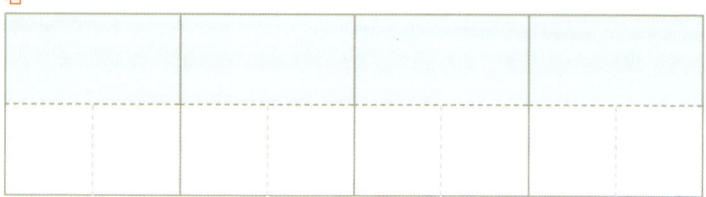

解答　(1) ササヅカ（笹塚）　(2) ゴタンダ（五反田）

1 時間目

「ア、イ、ウ、エ、オ」の母音

「ア、イ、ウ、エ、オ」の
単母音を覚えよう!

ハングルを見たときの感想を聞くと…

丸⇨ ◯ と 四角⇨ ▢ と 棒⇨ │ …と言われます。

　そう、確かにハングルの文字は　丸(아이우에오)と四角(마미무메모)と棒(가니도러)が目立ちますね。

「0時間目」でやった名前の中にもいくつかの母音文字がありましたね。それをとっかかりとして、母音を覚えていきましょう。

左か上に「ㅇ」がついていれば母音だね!

아 이 우 에 오

単母音とは日本語の「ア、イ、ウ、エ、オ」にあたる母音のことです。

ハングルの母音を表す文字はいずれも左か上に、「ㅇ」をつけます。ということで、左か上に「ㅇ」がついている文字は、日本語の「ア、イ、ウ、エ、オ」にあたる母音の文字です。読めないとしても文字の形から母音であることがわかりますね。

　日本語の母音は「ア、イ、ウ、エ、オ」の５つですね。一方、**韓国語の母音は**「ア(아)、イ(이)、ウ(우, 으)、エ(에, 애)、オ(오, 어)」の８つがあります。つまり、日本語の母音「ウ、エ、オ」にあたる母音はそれぞれ２種類ずつあるわけです。

覚えるコツ

anpan

❶ア、イ、ウ、エ、オ
❷ン(詳しくはP.122)

子音字の「ㅇ」はアンパンの形に似ているから、アンパンの「ア」、つまり「❶ア、イ、ウ、エ、オ」と覚えてしまいましょう。また、パッチムといって、文字の下につくときはアンパンの「❷ン[ŋ]」となります。こちらは後で説明するので、ここでは覚えてしまうことが大切です。

아이
アイ(子ども)

母音の文字は一目でわかる！いずれも丸と棒の組み合わせ！

「ア、イ、ウ、エ、オ」の母音

まずはその8つの単母音を一覧表で見てみましょう。母音だけの文字を書くときは、子音がないことを表す子音字母「ㅇ」をつけて書きます。

	字母		発音記号	発音
ア	❶ 아		[a]	日本語の「ア」より気持ち口を大きく
イ	❷ 이		[i]	口を横に引いて日本語の「イ」
ウ	❸ 우		[u]	唇を丸めて、前に突き出しながら「ウ」
	❹ 으		[ɯ]	口を横に引いて「ウ」
エ	❺ 에		[e]	日本語の「エ」とほぼ同じ
	❻ 애		[ɛ]	日本語の「エ」よりも口を大きく開けて「エ」
オ	❼ 오		[o]	唇を丸くすぼめて、前に突き出して「オ」
	❽ 어		[ɔ]	日本語の「ア」の口の形で「オ」

「エ」の「❺ㅔ」と「❻ㅐ」の発音の区別は、最近はしなくなったよ。だからあまり違いを気にしなくてOK。

書き順を見ていきましょう！

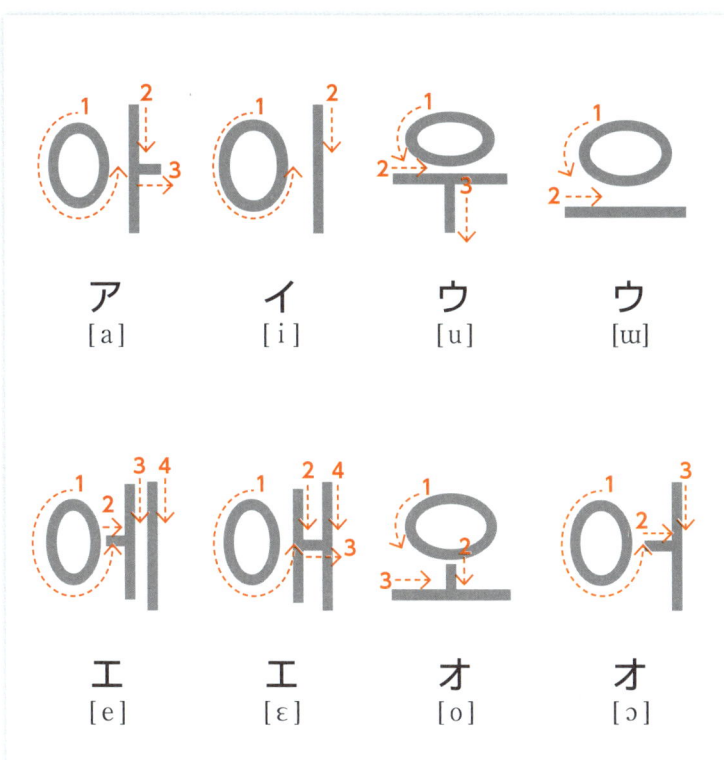

　ハングルの書き順の基本は、**上から下、左から右**、です！
「ㅇ」の書き方は数字の「0」と同じように反時計回りに書きます。また、書体によっては「ㅇ」のように上に点がありますが、ふつう手書きのときは、つけなくてもいいです。

練習❶　次のハングルを発音しながら、10回書いてみましょう。

ア [a]↓	イ [i]↓	ウ [u]↓	ウ [ɯ]↓	エ [e]↓	エ [ɛ]↓	オ [o]↓	オ [ɔ]↓
아	이	우	으	에	애	오	어

1時間目

練習❷　次の文字を線で結びなさい。

(1)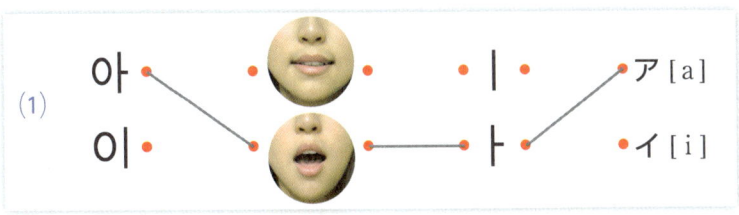

(2)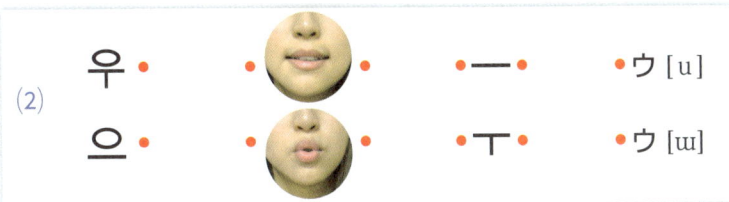

(3)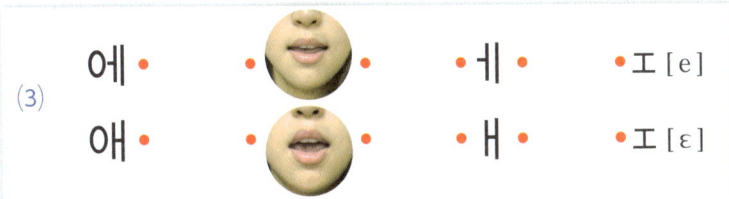

(4)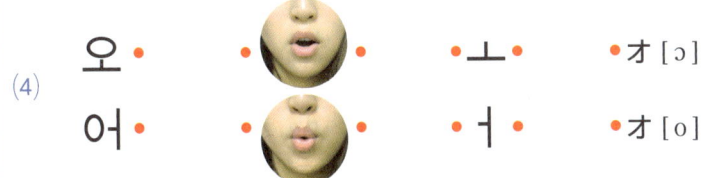

解答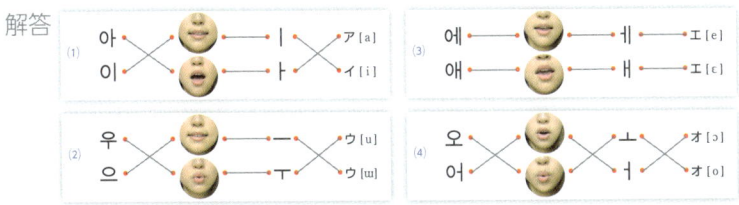

さて、ザーッと書いて練習してきましたが、これらの単母音には簡単な覚え方があります。順に見ていきましょう。

> **覚えるコツ**
>
> 어 オ [ɔ]　　아 ア [a]
>
> ------
>
> ## 左オ、ア右
> （ひだり or みぎ）
>
> 縦の棒に左に点があれば「オ」、右に点があれば「ア」。これを「左or(オア)右」、つまり左点は「オ」、右点は「ア」と覚えましょう！ 発音は、両方とも大きく口を開けます。

> **覚えるコツ**
>
> 이 イ [i]　　으 ウ [ɯ]
>
> ------
>
> **マルイのイ**：「이」はかの有名なデパートのマルイの「이」と同じですね。この文字は「マルイのイ」と覚えましょう。
>
> ## 縦イ、ウ横
> （たて　言う　よこ）
>
> 縦の棒「ㅣ」は「マルイのイ」の法則だから「イ」、また、横の棒「ー」は「ウ」です。「縦言う（イ、ウ）横」と覚えれば簡単ですね。発音するときは、ともに日本語の「イ」と同じ口構えです。「으 ウ」も文字と同じく唇を横に引っ張る音です。

> 覚えるコツ

에 エ[e]　애 エ[ɛ]

エイチのエ

「애」の「ㅐ」はアルファベットのH（エイチ）に似ていますね。これは「エイチのエ」と覚えましょう。「에」の「ㅔ」も「ㅐ」に似ているから同じく「エイチのエ」でいいでしょう。日本語の「エ」の発音と同じでOKです。

> 覚えるコツ

오 オ[o]　우 ウ[u]

「文字の形が似ていると口構えも似ている!＝口構えが似ていると文字の形も似ている!」ってこと。

上オ、ウ下
（うえ　追う　した）

横棒の上に点があれば「オ」、下に点があれば「ウ」。これを「上追う(オウ)下」、つまり上点は「オ」、下点は「ウ」と覚えましょう！　両方とも口を丸くして発音しますよ！

　大きな文字で書いてある「左オ、ア右」「縦イ、ウ横」「マルイのイ」「エイチのエ」「上オ、ウ下」を何度も繰り返して唱えてみましょう。不思議と頭に入るはずです！

練習❸ 次の広告や看板から読める文字を見つけてカタカナを書いてみましょう。

(1)

(2)

(3)

(4)

(5)

(6)

解答 (1)アイスベリ(아이스베리 (商品名)アイスベリー) (2)ヨンオ(영어 英語) (3)オレンジ(오렌지 オレンジ) (4)レインボウ(레인보우 レインボー) (5)ウラッチャチャ(으랏차차 ヨイショ) (6)エイン(애인 恋人) ※赤字のカタカナだけ書き込んであれば、正解です。

練習❹　次を線で結びなさい。

ア　イ　ウ　エ　オ

이　으　우　아　오　어　에　애

解答

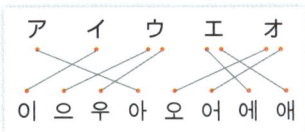

練習❺　次の単語を線で結びなさい。

アイ・　・오이

オイ・　・아이

アウ・　・에이

エイ・　・아우

解答

それぞれ、意味は、아이(子ども)、오이(きゅうり)、아우(弟、妹)、에이(アルファベットの「A」)。

練習❻ 次の地名や人名にあたるハングルを書き入れなさい。

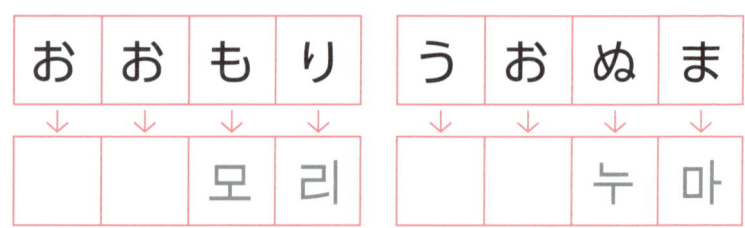

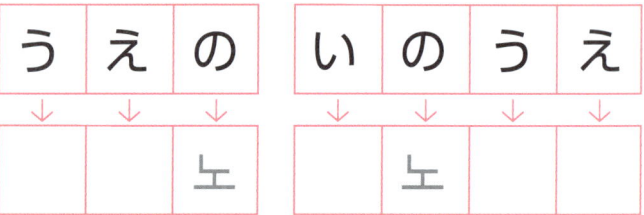

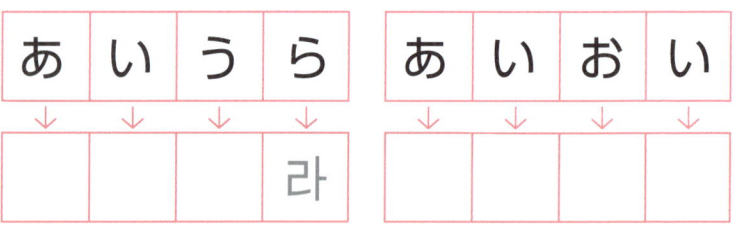

解答 おおもり 오오모리　うおぬま 우오누마　うえの 우에노
　　 いのうえ 이노우에　あいうら 아이우라　あいおい 아이오이

練習 ❼ 次のハングルを書きながら、大きな声で読んでみよう。

(1)  이
イ(歯、二(2)、この)

(2)  오
オ(五(5))

(3)  아이
アイ(子ども)

(4)  아우
アウ(弟、妹)

(5) 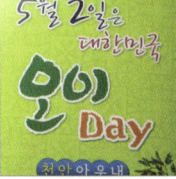 오이
オイ(きゅうり)

「ア、イ、ウ、エ、オ」の母音

ハングルの構造

　「0時間目」で、自分の名前を書いてみてわかったと思いますが、日本語の場合「ア、イ、ウ、エ、オ」の母音を除いた文字はいずれも、「カ [ka]」、「サ [sa]」、「タ [ta]」などのように、子音と母音の組み合わせから成っています。ただし、カタカナやひらがなの場合、文字の上では子音（音素）と母音（音素）を分けることができません。

　ハングルの「아 [a]」、「가 [ka]」、「사 [sa]」、「다 [ta]」は左に子音を表す「ㅇ」、「ㄱ」、「ㅅ」、「ㄷ」という文字と右に母音を表す「ㅏ」の文字の組み合わせから成っています。つまり、ハングル文字は**レゴのように子音と母音のパーツを組み合わせて一つひとつの文字をつくっていく**システムなのです。

　ハングルの文字の組み合わせには①**子音字母＋母音字母**と②**子音字母＋母音字母＋子音字母**の2つがあります。さらに、それらは母音字母が子音字母の右にくるものと、下にくるものが決まっており、「ㅏ, ㅑ, ㅓ, ㅕ, ㅣ, ㅐ, ㅔ」などの母音が中声のときは初声を左に、中声を右に書きます。また、「ㅗ, ㅛ, ㅜ, ㅠ, ㅡ」のときは、初声を上に、中声を下に書きます。
　それでは実際使われる文字から、ハングルの組み合わせを見てみましょう。

❶ 子音＋母音

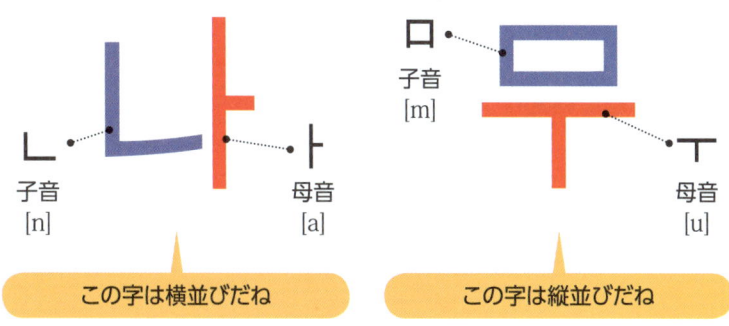

❷ 子音＋母音＋子音

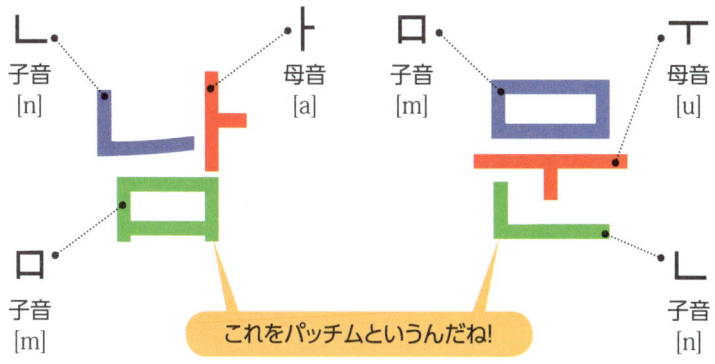

　文字の最初の子音を「**初声**」、次の母音を「**中声**」、そして母音の次に来る子音を「**終声**」と言います。また、「終声」のことを「**パッチム（받침）**」とも言います。ここでは、とりあえず形だけ頭に入れておけば十分です。

あいさつ語を覚えよう（その１）

1 **안녕하세요?** アンニョンハセヨ?
こんにちは（おはようございます、こんばんは）。

2 **안녕하십니까?** アンニョンハシムニッカ?
こんにちは（おはようございます、こんばんは）。

3 **만나서 반갑습니다.** マンナソ バンガプスムニダ。
お会いできてうれしいです。

4 **다나카입니다.** タナカイムニダ。
田中です。

5 **잘 부탁합니다.** チャル プタカムニダ。
よろしくお願いします。

韓国の伝統的な農楽
（スウォンの民俗村）。

2 時間目

ヤ行・ワ行の母音、二重母音

ヤ行の母音を覚えよう!

　ハングルでは、**ヤ行の音（半母音 [y] ＋単母音）**も母音として扱います。前回、8つの母音を覚えましたね。さて、8つの母音のうち、6つの母音には上や下、または右や左に点がついていました。そこにもう一つ点のついた形、つまり**点々がついている文字は**いずれも**「ヤ、ユ、ヨ」の発音**を表します。

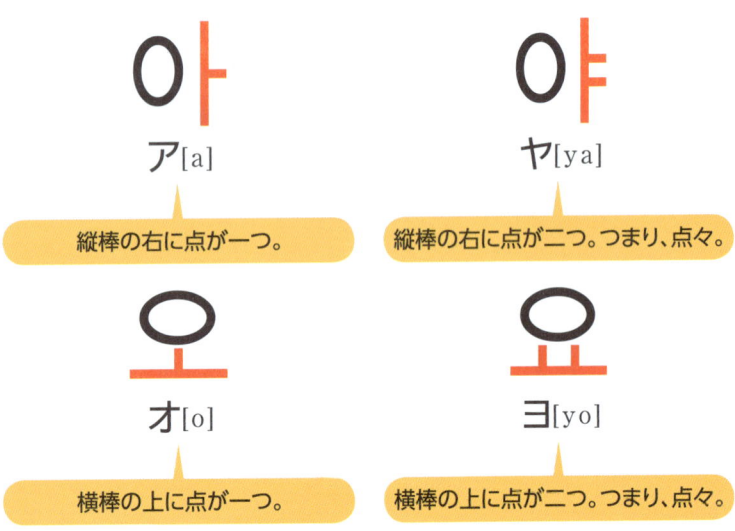

> **覚えるコツ**
>
> # 点々のココロはヤユヨ!!
> ㅑ ㅕ   ㅛ ㅠ   ㅖ ㅒ
>
> このように、母音字に点々があったらヤ行の音です。「点々のココロはヤユヨ!!」と覚えてしまいましょう。最初から点がある母音「ㅏ, ㅓ, ㅗ, ㅜ, ㅔ, ㅐ」のみが点々になります。点のない「ㅡ, ㅣ」は「ヤ、ユ、ヨ」になりません。

ア	イ	ウ		エ		オ	
[a]	[i]	[u]	[ɯ]	[e]	[ɛ]	[o]	[ɔ]
아	이	우	으	에	애	오	어
야	-	유	-	예	얘	요	여
ヤ		ユ		イェ		ヨ	
[ya]	-	[yu]	-	[ye]	[yɛ]	[yo]	[yɔ]

「아, 어」などが読めれば、当然、「야, 여」なども読めるってこと!

ヤ行・ワ行の母音、二重母音

ハングル		発音記号	発音

ヤ 야 [ya] 「ヤ」と同じように発音する

여 [yɔ] 「ヤ」の口構えで「ヨ」と発音する

ヨ

요 [yo] 唇を丸くすぼめて、「ヨ」と発音

ユ 유 [yu] 唇を丸めて、前に突き出しながら「ユ」と発音する

예 [ye] 「イェ」と同じように発音する

イェ

애 [yɛ] 「イェ」よりも口を大きく開けて

「얘」は「예」と同じように「イェ」と発音してもかまいません。

練習 ❶ 次のハングルを発音しながら、書いてみましょう。

ヤ [ya] ↓ 야	ヨ [yɔ] ↓ 여	ヨ [yo] ↓ 요	ユ [yu] ↓ 유	イェ [ye] ↓ 예	イェ [yɛ] ↓ 얘

ヤ行・ワ行の母音、二重母音

練習❷ 次を下線で結びなさい。

| 아 | 어 | 우 | 오 | 애 | 에 |

| 여 | 야 | 요 | 유 | 예 | 얘 |

| ヤ | ヨ | イェ | ユ |

解答

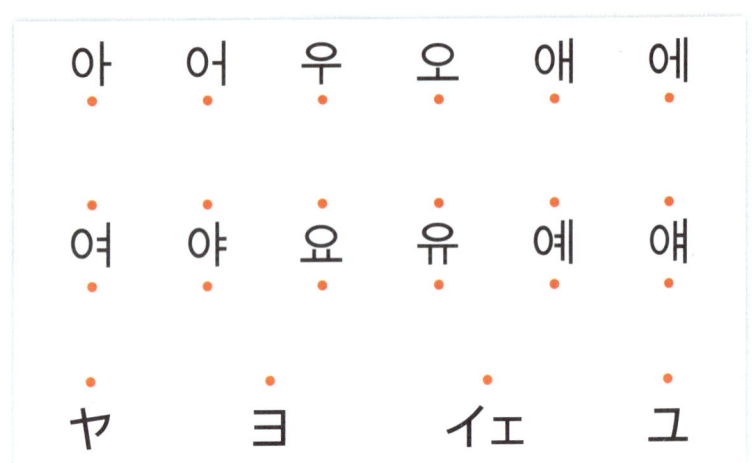

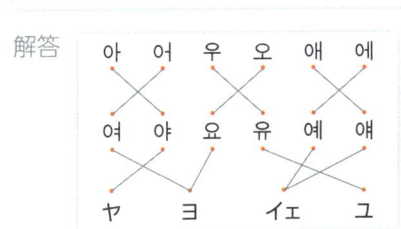

아	어	우	오	애	에
여	야	요	유	예	얘
ヤ	ヨ	イェ	ユ

練習❸ 空欄を埋めなさい。

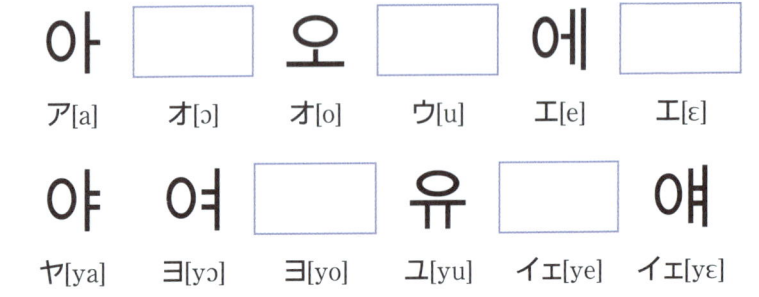

아	☐	오	☐	에	☐
ア[a]	オ[ɔ]	オ[o]	ウ[u]	エ[e]	エ[ɛ]

야	여	☐	유	☐	얘
ヤ[ya]	ヨ[yɔ]	ヨ[yo]	ユ[yu]	イェ[ye]	イェ[yɛ]

解答　아 어 오 우 에 애
　　　야 여 요 유 예 얘

練習❹ 次の単語を線で結びなさい。

ヨユ・　　　　・예

イェ・　　　　・여유

ヨヨ・　　　　・여야

ヨヤ・　　　　・요요

解答

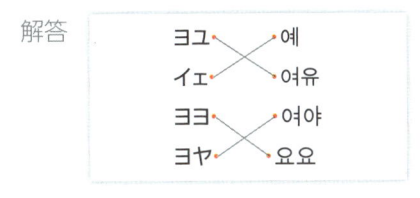

ヨユ — 예 (交差)
イェ — 여유
ヨヨ — 여야
ヨヤ — 요요

練習❺ 次を大きな声で読みながら書いてみましょう。

(1) 우유
ウユ(牛乳)

(2) 이유
イユ(理由)

(3)  여우
ヨウ(キツネ)

(4) 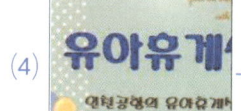 유아
ユア(幼児)

(5)  요요
ヨヨ(ヨーヨー)

(6)   예
イェ(はい)

(7) 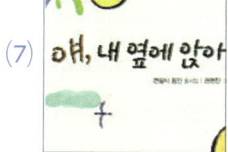 애
イェ(ほら)

ワ行の母音を
覚えよう!

　韓国語の母音の文字の中には、「오 [o] ＋ 아 [a] ＝ 와 [wa]」「우 [u] ＋ 어 [ɔ] ＝ 워 [wɔ]」という具合に、二つの母音の文字が合体したものがあります。それをこの本では**「ダブル母音」**と呼びます。

　「ダブル母音」はいずれも最初の発音の**「오 [o]」や「우 [u]」がダブリュー [w] に変わります**。日本語では**ワ行**、ハングルではこれも母音（半母音 [w] ＋単母音）として扱うのですね。

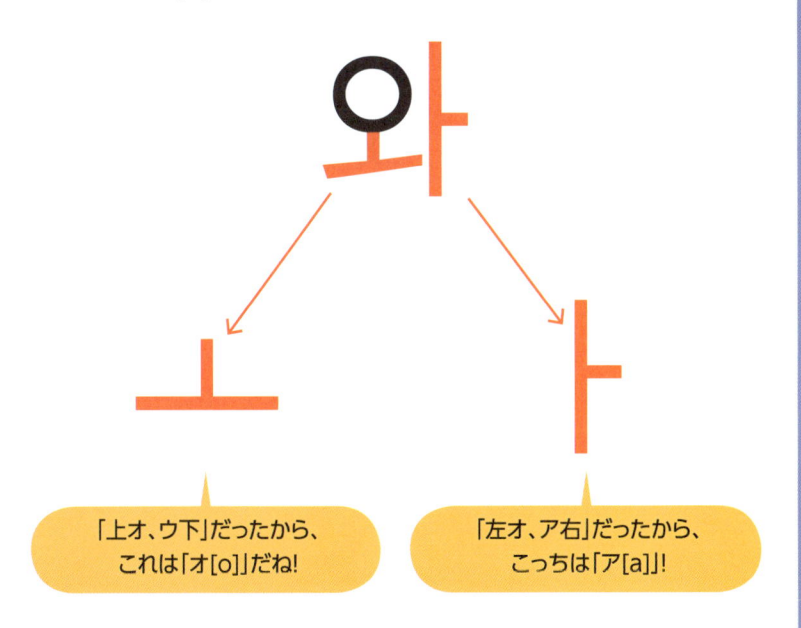

와

↙　　↘

ㅗ　　　　ㅏ

「上オ、ウ下」だったから、これは「オ[o]」だね!

「左オ、ア右」だったから、こっちは「ア[a]」!

　この２つの母音が合体してるってことは、「オア [oa]」？　ではなくて、**前の音が [w] に変わるので「ワ [wa]」と読むよ。**

ヤ行・ワ行の母音、二重母音

> **覚えるコツ**
>
> # ダブル母音だから
> # ダブリュー[w]
>
> はい、もうこのようにざっくりと覚えてください。母音がダブルであるということは、発音がダブリュー [w] の音になるってことだね！ ダブル母音の最初の「ㅗ [o]」も「ㅜ [u]」も、いずれも発音が [w] に変わります。

画数が多そうに見えますが、2つの母音文字を組み合わせただけ!

와	외	왜	워	위	웨
ㅗ+ㅏ=ㅘ	ㅗ+ㅣ=ㅚ	ㅗ+ㅐ=ㅙ	ㅜ+ㅓ=ㅝ	ㅜ+ㅣ=ㅟ	ㅜ+ㅔ=ㅞ
ワ	ウェ	ウェ	ウォ	ウィ	ウェ
[wa]	[we]	[wɛ]	[wɔ]	[wi]	[we]

「외[we], 왜[wɛ], 웨[we]」は、いずれも「ウェ」と発音すればいいです。あまり区別しなくてOK。

この表の中で、「ㅗ [o] +ㅣ [i]」の**「ㅚ」だけは、前の音が [w] に変わるだけでなく後ろの音も [e] に変化します。**

練習❶ 次のハングルを書きながら、大きな声で読んでみましょう。

①ㅗ[o→w]グループ			②ㅜ[u→w]グループ		
와	외	왜	워	위	웨
와	외	왜	워	위	웨
와	외	왜	워	위	웨
와	외	왜	워	위	웨

ヤ行・ワ行の母音、二重母音

練習❷ 次を下線で結びなさい。

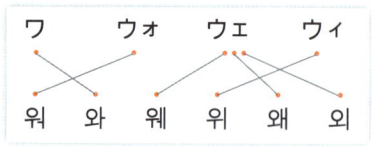

| ワ | ウォ | ウェ | ウィ |

워　와　웨　위　왜　외

解答：
- ワ — 와
- ウォ — 워
- ウェ — 웨, 왜
- ウィ — 위

練習❸ 次の単語を線で結びなさい。

- ウィ ・　　・웨어
- ウェヨ ・　　・위
- ウェオ ・　　・왜요

解答：
- ウィ — 위
- ウェヨ — 왜요
- ウェオ — 웨어

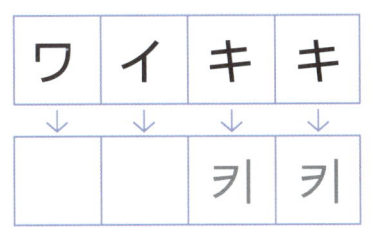

練習❹ 次の地名や固有名にあたるハングルを書き入れなさい。

ワ	イ	キ	キ
↓	↓	↓	↓
		키	키

ウィ	ク	リ
↓	↓	↓
	크	리

※「ウィークリー」(毎週の)のこと。
ハングルでは長音は表記しません。

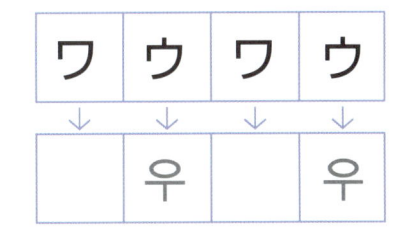

ウェ	ス	トゥ
↓	↓	↓
	스	트

ワ	ウ	ワ	ウ
↓	↓	↓	↓
	우		우

解答 ワイキキ 와이키키 ウィクリ 위크리 ウェストゥ 웨스트
ワウワウ 와우와우

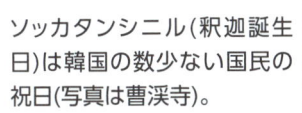

ヤ行・ワ行の母音、二重母音

ソッカタンシニル(釈迦誕生日)は韓国の数少ない国民の祝日(写真は曹渓寺)。

練習❺ 次を大きな声で読みながら書いてみましょう。

(1) 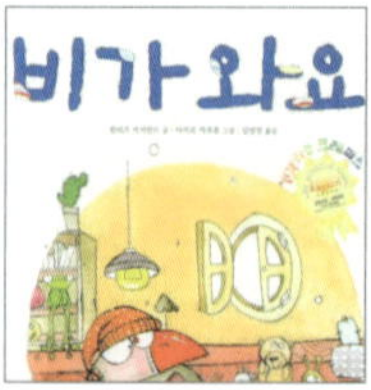 와요
ワヨ（来ます、降ります）

(2)  우와
ウワ（ワー）

(3) 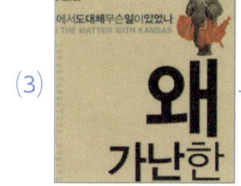 왜
ウェ（なぜ）

(4)  위
ウィ（上）

(5)  워
ウォ（ウォー、戦争）

二重母音を覚えよう!

母音の文字が二つ合体した文字の、ワ行の母音を覚えました。それ以外に、もうひとつだけあるのが、この**二重母音**です。「**ー**」と「**丨**」の組み合わせでできた「**의**」。

「丨 [i] イ」の口構えで、①「**ー [ɯ] ウ**」と「**丨 [i] イ**」をすばやく発音します。ただし「의」は②**語中では「イ [i]」**、③ 助詞「**～の**」の**意味として使われるときは「エ [e]」**という発音になるので注意。

ー ＋ 丨 ＝ ㅢ

의
ウイ [ɯi]

日本語の辞書でいちばん多く使われる文字は助詞の「の」。それに値するのが「의」です。その場合は「エ[e]」という発音になりますね。

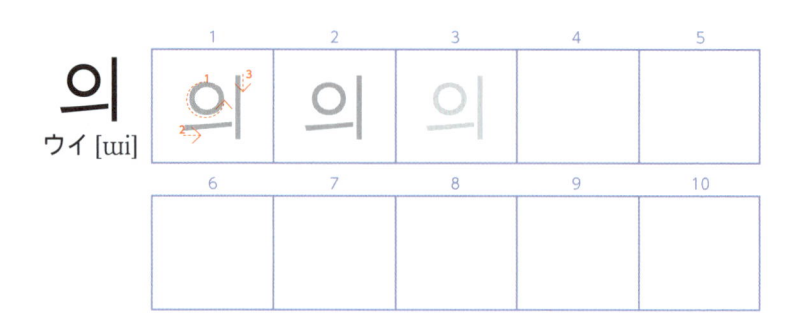

練習❶ 次のハングルを書きながら、大きな声で読んでみましょう。

의
ウイ [ɯi]

1	2	3	4	5
의	의	의		

6	7	8	9	10

練習❷ 次の単語を線で結びなさい。

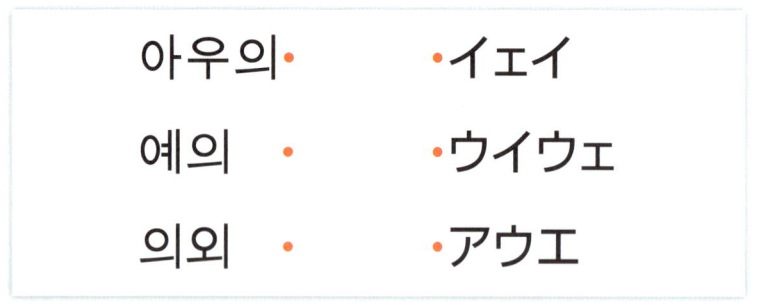

아우의 ・　　・イェイ

예의　 ・　　・ウイウェ

의외　 ・　　・アウエ

解答
아우의 — ウイウェ
예의 — アウエ
의외 — イェイ

練習❸　次を大きな声で読みながら書いてみましょう。

(1) 의사
ウイサ（医者）

(2) 예의
イェイ（礼儀）

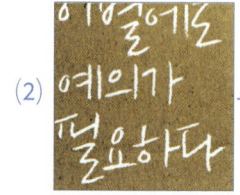

(3) 아이의
アイエ（子どもの）

ポイント！

母音の並び方

韓国ではハングルの母音を習うとき、次の順番で覚えます。

아 야 어 여 오 요 우 유 으 이
ア ヤ オ ヨ オ ヨ ウ ユ ウ イ

辞書での並び方もだよ!

呪文を唱えるように아야어여・・・・

ヤ行・ワ行の母音、二重母音

あいさつ語を覚えよう（その2）

1. **감사합니다.** カムサハムニダ。
ありがとうございます。

2. **고맙습니다.** コマㇷ゚スムニダ。
ありがとうございます。

3. **천만에요.** チョンマネヨ。
どういたしまして。

4. **좋아요.** チョアヨ。
いいです。好きです。

5. **싫어요.** シロヨ。
いやです。嫌いです。

NATURE REPUBLIC、It's skinなどの韓国コスメは、その広告キャラにも注目。

3時間目

鼻音と流音の子音

ハングルは母音字と子音字に分けられる!

ハングル文字はいずれも
① 左と右：가, 거, 기, 나, 너, 니……
② 上と下：고, 구, 그, 노, 누, 느……
のように、パーツとパーツの組み合わせからできています。

上と左についている文字が**子音字**、右と下についているのが**母音字**です。

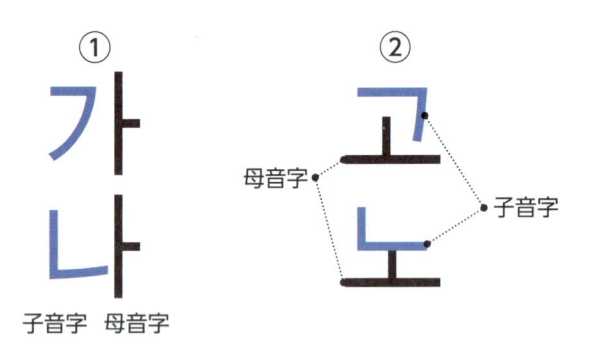

①
가
나
子音字　母音字

②
고
노
母音字
子音字

対して、日本語の仮名の場合、
「カ [ka]」には「k」という子音と「a」という母音
「コ [ko]」には「k」という子音と「o」という母音
が溶け込んでいて、[k] という発音は共有していても文字だけ見ると、共通の特徴はありません。

カ　　　コ
ナ　　　ノ

ここまで見たように、日本語には子音を表す文字が別個に設けられていませんが、韓国語の場合はローマ字のように子音だけを表記する「ㄱ」「ㄴ」などの「**子音字**」があります。この**子音字**と**母音字**の組み合わせで一つの音節の表記が可能になるのです。

	音素		音節
音	k	a	
仮名	-	-	カ
ローマ字	k	a	ka
ハングル	ㄱ	ㅏ	가

仮名はひと固まりで切れない文字。

カ　サ　タ

ハングルはレゴみたいに切ろうとしたら切れる文字。

가　사　다

ㄱ+ㅏ　ㅅ+ㅏ　ㄷ+ㅏ

鼻音と流音の子音

また、日本語のカ行「カ、キ、ク、ケ、コ」には、すべて [k] の音が入っていますね。ハングルでも同じなのです。つまり、**カ行の文字にはいずれも「ㄱ [k]」が入っているってこと。**これなら覚えやすいですね。

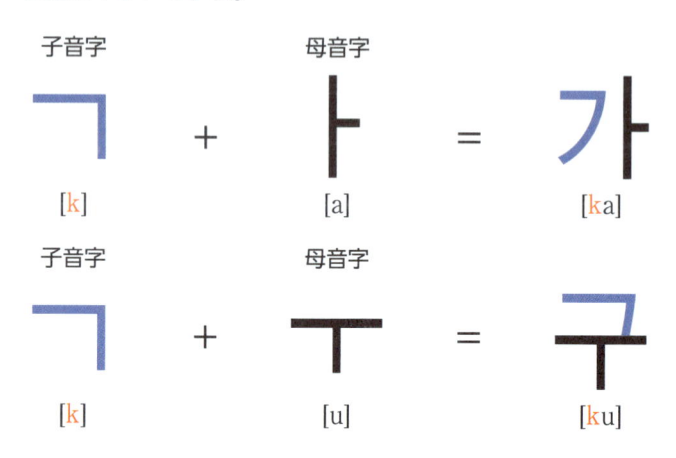

子音字　　　　　　母音字
ㄱ　＋　ㅏ　＝　가
[k]　　　　[a]　　　　[ka]

子音字　　　　　　母音字
ㄱ　＋　ㅜ　＝　구
[k]　　　　[u]　　　　[ku]

　ハングルにおいては、ローマ字と同じように「k」「s」「m」「n」などの子音を表記する **「子音字」** がそれぞれ決まっています。

가　　시　　무　　노
カ[ka]　　シ[si]　　ム[mu]　　ノ[no]

　本書では、ハングルの子音字を便宜上、
① **鼻音**：ㄴ [n]、ㅁ [m]
② **流音**：ㄹ [r]
③ **平音**：ㄱ [k]、ㄷ [t]、ㅂ [p]、ㅅ [s,ʃ]、ㅈ [tʃ]
④ **激音**：ㅋ [kʰ]、ㅌ [tʰ]、ㅍ [pʰ]、ㅊ [tʃʰ]、ㅎ [h]
⑤ **濃音**：ㄲ [ʔk]、ㄸ [ʔt]、ㅃ [ʔp]、ㅆ [ʔs,ʔʃ]、ㅉ [ʔtʃ]
などに分けてみます。

鼻音と流音の
子音を覚えよう!

　まず最初に、**鼻音**（①）と**流音**（②）です。**鼻音**は「ㄴ [n]」、「ㅁ [m]」のように呼気の一部を鼻から出す音で、**流音**は「ㄹ [r]」のように舌先が軽く歯茎を弾く音です。

나　　　마　　　라
[na]　　[ma]　　[ra]

　まあ、難しい話はともかく、下のハングルが読めればいいわけですね。

	ハングル	発音記号	発音	実際の文字
鼻音	ㄴ	[n]	ナ行の子音[n]とほぼ同じ	나 니 누 네 노 ナ ニ ヌ ネ ノ
	ㅁ	[m]	マ行の子音[m]とほぼ同じ	마 미 무 메 모 マ ミ ム メ モ
流音	ㄹ	[r]	ラ行の子音[r]とほぼ同じ	라 리 루 레 로 ラ リ ル レ ロ

この3つの子音を簡単に覚えるコツ、伝授します。

覚えるコツ

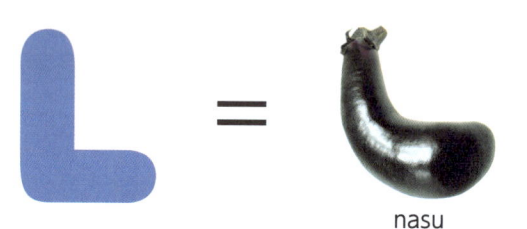

「ㄴ」はナスの[n]

nasu

この文字はナス [nasu] に似ているからナスの [n] と覚えよう！
ちょっと変わった形のナスですけどね。

覚えるコツ

「ㅁ」はマッチバコの[m]

macchibako

この文字はマッチバコ [macchibako] に似ているからマッチバコの [m] と覚えよう！　四角い形＝マッチ箱、とインプットしましょう。

> **覚えるコツ**
>
> # 「ㄹ」はラセンカイダンの[r]
>
> この文字はラセン [rasen] 階段に似ているからラセンカイダンの [r] と覚えよう！　文字の形から連想しやすいですね。

では、次の文字は何と読むでしょうか。

ニ

この文字は左に**ナス**の「**ㄴ** [n]」、また右には**マルイ**の「**ㅣ** [i]」があるから「**二** [ni]」と読みますね。「1時間目」「2時間目」で練習した母音の読み方と組み合わせればよいのです。

書き順も覚えてしまいましょう。

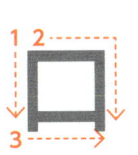

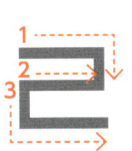

練習❶ 次のハングルを書きながら、大きな声で読んでみましょう。

	ㅏ [a]	ㅣ [i]	ㅜ [u]	ㅡ [ɯ]
ㄴ [n]	나 ナ[na]	니 ニ[ni]	누 ヌ[nu]	느 ヌ[nɯ]
	나	니	누	느
	나	니	누	느
	나	니	누	느
ㅁ [m]	마 マ[ma]	미 ミ[mi]	무 ム[mu]	므 ム[mɯ]
	마	미	무	므
	마	미	무	므
	마	미	무	므
ㄹ [r]	라 ラ[ra]	리 リ[ri]	루 ル[ru]	르 ル[rɯ]
	라	리	루	르
	라	리	루	르
	라	리	루	르

鼻音と流音の子音

ㅔ [e]	ㅐ [ɛ]	ㅗ [o]	ㅓ [ɔ]
네 ネ[ne]	내 ネ[nɛ]	노 ノ[no]	너 ノ[nɔ]
네	내	노	너
네	내	노	너
네	내	노	너
메 メ[me]	매 メ[mɛ]	모 モ[mo]	머 モ[mɔ]
메	매	모	머
메	매	모	머
메	매	모	머
레 レ[re]	래 レ[rɛ]	로 ロ[ro]	러 ロ[rɔ]
레	래	로	러
레	래	로	러
레	래	로	러

練習❷   次を下線で結びなさい。

(1)

ナ ニ ヌ ネ ノ

니 누 너 노 나 느 네 내

(2)

マ ミ ム メ モ

무 미 모 마 므 메 매 머

(3)

ラ リ ル レ ロ

로 라 르 레 래 리 루 러

解答

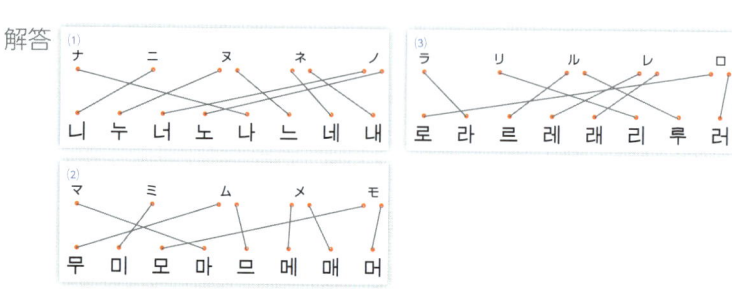

(1)
ナ—나, ニ—니, ヌ—누, ネ—네, ノ—노

(2)
マ—마, ミ—미, ム—무, メ—메, モ—모

(3)
ラ—라, リ—리, ル—루, レ—레, ロ—로

練習❸ 次の単語を線で結びなさい。

ミニ	노래
ノレ	미니
メミ	마루
マル	모레
メモ	메모
モレ	매미

解答

ミニ — 미니
ノレ — 노래
メミ — 매미
マル — 마루
メモ — 메모
モレ — 모레

それぞれ、意味は、노래（歌）、미니（ミニ）、마루（板間）、모레（明後日）、메모（メモ）、매미（セミ）。

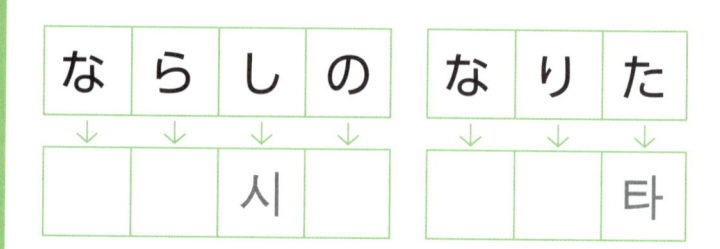

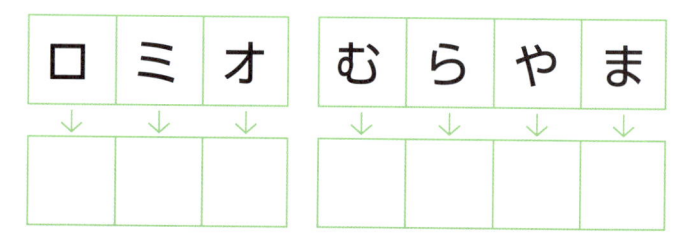

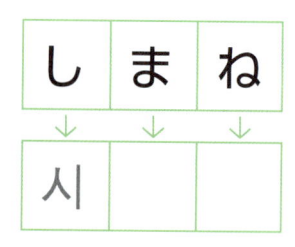

練習❹　次の地名や人名にあたるハングルを書き入れなさい。

な	ら	し	の
↓	↓	↓	↓
		시	

な	り	た
↓	↓	↓
		타

ロ	ミ	オ
↓	↓	↓

む	ら	や	ま
↓	↓	↓	↓

し	ま	ね
↓	↓	↓
시		

解答　ならしの 나라시노　なりた 나리타　ロミオ 로미오　むらやま 무라야마　しまね 시마네

練習❺ 次の単語を発音しながら、書いてみましょう。

(1)  노래
ノレ(歌)

(2) 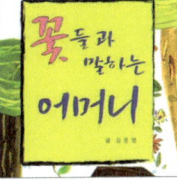 어머니
オモニ(お母さん)

(3)  머리
モリ(頭)

(4)  우리나라
ウリナラ(我が国)

(5)  누나
ヌナ((弟から見て)姉)

鼻音と流音の子音

(6)  모래
モレ(砂)

(7)  무료
ムリョ(無料)

(8)  유료
ユリョ(有料)

(9)  나무
ナム(木)

(10) 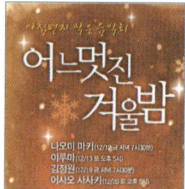 어느
オヌ(どの、ある〜)

次は「3時間目」で練習した、鼻音と流音の子音一覧になります。ノートなど用意して何度も書いてみましょう。その際に「覚え方のコツ」を思い出しながらやると、頭に入りやすいですよ。

〈ハングル早見表〉【鼻音・流音】

母音 / 子音	ㅏ [a]	ㅑ [ya]	ㅓ [ɔ]	ㅕ [yɔ]	ㅗ [o]	ㅛ [yo]	ㅜ [u]	ㅠ [yu]	ㅡ [ɯ]	ㅣ [i]
ㄴ [n]	나	냐	너	녀	노	뇨	누	뉴	느	니
ㄹ [r]	라	랴	러	려	로	료	루	류	르	리
ㅁ [m]	마	먀	머	며	모	묘	무	뮤	므	미

ㅐ [ɛ]	ㅒ [yɛ]	ㅔ [e]	ㅖ [ye]	ㅘ [wa]	ㅙ [wɛ]	ㅚ [we]	ㅝ [wɔ]	ㅞ [we]	ㅟ [wi]	ㅢ [ɯi]
내	냬	네	녜	놔	놰	뇌	눠	눼	뉘	늬
래	럐	레	례	롸	뢔	뢰	뤄	뤠	뤼	릐
매	먜	메	몌	뫄	뫠	뫼	뭐	뭬	뮈	믜

※このうち普段あまり使われない文字もある。

ソウルの明洞（ミョンドン）はショッピング、グルメなど楽しめる人気の観光スポット。

鼻音と流音の子音

あいさつ語を覚えよう（その3）

1 미안합니다. ミアナムニダ。
すみません。

2 죄송합니다. チェソンハムニダ。
申し訳ありません。

3 괜찮아요. クェンチャナヨ。
大丈夫です。

4 잠깐만요. チャムカンマンニョ。
ちょっと待ってください。

5 아니에요. アニエヨ。
違います。

旅の玄関口は金浦（キンポ）空港が便利。sky cityやeマートなど大型ショッピングモールも近くて便利ですね。

4 時間目

平音の子音

平音の子音を覚えよう!

韓国語の中には、**平音**という「ㄱ [k]」、「ㄷ [t]」、「ㅂ [p]」、「ㅅ [s,ʃ]」、「ㅈ [ʧ]」の5つの子音字があります。P.56で子音字を分類したうちの③ですね。

가 다 바 사 자
[ka] [ta] [pa] [sa] [ʧa]

「ㄱ、ㄷ、ㅂ、ㅈ」は、日本語の「カ、タ、パ、チャ」行の子音を気持ち弱めに発音すればいいです。ところが、大切なポイント！

平音は
語頭では濁らない音（無声音） ですが、
語中では濁る音（有声音） になります。
ただし、「ㅅ」はどこでも濁りません。

> つまり「가、다、바、자」は、語頭では「カ、タ、パ、チャ」、
> 語中では「ガ、ダ、バ、ジャ」と発音するということ！

表にまとめてみましょう。

	ハングル	発音記号	発音	実際の文字
平音	ㄱ	[k]	カ行の子音[k]とほぼ同じ	가 기 구 게 고 カ キ ク ケ コ
	ㄷ	[t]	タ行の子音[t]とほぼ同じ	다 디 두 데 도 タ ティ トゥ テ ト
	ㅂ	[p]	パ行の子音[p]とほぼ同じ	바 비 부 베 보 パ ピ プ ペ ポ
	ㅈ	[ʧ]	チャ、チュ、チョの子音[ʧ]とほぼ同じ	자 지 주 제 조 チャ チ チュ チェ チョ
	ㅅ	[s, ʃ]	サ行の子音[s]とほぼ同じ	사 시 수 세 소 サ シ ス セ ソ

　この表のうち、「ㅅ」を除いた上の4つは、語中では**濁る音、つまり [g]、[d]、[b]、[ʤ] という音になる**！　詳しくはのちほど。その前に、また形から覚えてしまいましょう。

> 語中では、発音するとき、いずれも有声音、つまり濁音に変わるよ!

平音の子音

覚えるコツ

「ㄱ」はカマの[k]

ㄱ = 🪓
kama

この文字はカマ（鎌）[kama] に形が似ていますね。はい、それではカマの [k] と覚えよう！

覚えるコツ

「ㄷ」はタオルの[t]

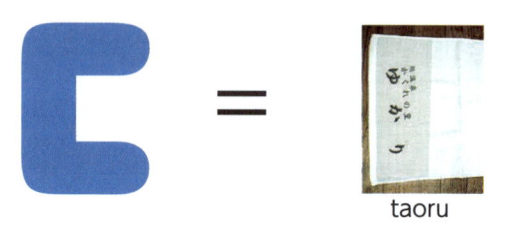

ㄷ = 🏳
taoru

この文字はタオル [taoru] っぽいですね。タオルの [t] と覚えよう！ え、写真が手ぬぐいだって!?　手ぬぐい [tenugui] の [t] でもいいですけど、やっぱりカッコよくタオルの [t] にしておきましょう。

覚えるコツ

「ㅂ」はパッとの[p]

ㅂ = patto

「3時間目」で覚えた「ㅁ」（マッチバコの [m]）に似てますね。ですので、マッチバコの上に火がパッと [patto] ついた形、つまりパッとの [p] と覚えましょう！

覚えるコツ

「ㅈ」はスウォッチの[tʃ]

ㅈ = swatch

この文字は日本語のカタカナの「ス」に似ています。スイスの超有名時計メーカー「スウォッチ」にひっかけて、「ス」ウォッ「チ」、つまり「ス」（の形）は「チ [tʃ]」と覚えよう！

平音の子音

覚えるコツ

「ㅅ」はサクランボの[s]

ㅅ = 🍒 sakurambo

形から連想すると……、そう、サクランボです！ この文字はサクランボ [sakurambo] に似ているからサクランボの [s] と覚えよう！

4時間目

では、次の文字は何と読むでしょうか。

기 「カマの [k]」に「マルイの｜ [i]」なので、「**キ** [ki]」

디 「タオルの [t]」に「マルイの｜ [i]」なので、「**ティ** [ti]」

비 「パッとの [p]」に「マルイの｜ [i]」なので、「**ピ** [pi]」

지 「スウォッチの [tɕ]」に「マルイの｜ [i]」なので、「**チ** [tɕi]」

시 「サクランボの [s]」に「マルイの｜ [i]」なので、「**シ** [si]」

「パボ」の法則

　さきほど有声音化の話をしましたが、どういうことでしょうか？初声として使われる平音の「ㄱ、ㄷ、ㅂ、ㅈ」は、母音の次に続くとき、それぞれ日本語の濁音のように [g]、[d]、[b]、[dʒ] の発音に変わります。これを**有声音化**と言います。**平音の「ㄱ、ㄷ、ㅂ、ㅈ」は同じ文字なのに、置かれる位置によって、清音になったり、濁音になったりする**ということです。

　下の例では、「바보」は「パポ [papo]」ではなく、「パボ [pabo]」と読みますね。ただ、平音のうち「ㅅ [s, ʃ]」だけは濁音化しません。

〈表記〉　　　　〈発音〉

パポ　　　　　［パボ］

바보　［바보］

馬鹿

> よく見ると二文字とも、同じ「ㅂ」(パッとの[p])の子音があるね。

　有声音化のもうひとつの法則は「7時間目」にあるよ！

ㄱ (カマの[k])

	語頭 [k]	語中 [g]
가	カ	ガ
기	キ	ギ
구	ク	グ
그		
게	ケ	ゲ
개		
고	コ	ゴ
거		

書き順は下のとおり。

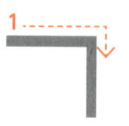

この「ㄱ」の文字は母音が右にくるか、下にくるかによってハネの向きが少し変わります。母音が右にくるパターンのほうが角度が少しだけキツくなってますね。

母音が右にくるパターン

가 거

母音が下にくるパターン

고 구

練習❶ 次のハングルを大きな声で読みながら書いてみましょう。

(ㄱ [k])に母音を足すと…

ㅏ [a]	ㅣ [i]	ㅜ [u]	ㅡ [ɯ]	ㅔ [e]	ㅐ [ɛ]	ㅗ [o]	ㅓ [ɔ]
가 カ [ka]	기 キ [ki]	구 ク [ku]	그 ク [kɯ]	게 ケ [ke]	개 ケ [kɛ]	고 コ [ko]	거 コ [kɔ]
가	기	구	그	게	개	고	거
가	기	구	그	게	개	고	거
가	기	구	그	게	개	고	거

平音の子音

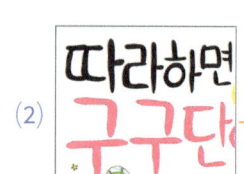

練習❷　次の単語を発音しながら、書いてみましょう。

(1) 고기 _____ _____ _____
コギ（肉）

(2) 구구 _____ _____ _____
クグ（九九）

(3) 가게 _____ _____ _____
カゲ（お店）

(4) 개그 _____ _____ _____
ケグ（ギャグ）

(5) 누구 _____ _____ _____
ヌグ（だれ）

ㄷ（タオルの[t]）

	語頭 [t]	語中 [d]
다	タ	ダ
디	ティ	ディ
두 드	トゥ	ドゥ
데 대	テ	デ
도 더	ト	ド

書き順はこうです。

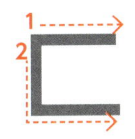

平音の子音

練習❶　次のハングルを大きな声で読みながら書いてみましょう。

(ㄷ [t])に母音を足すと…

ㅏ[a]	ㅣ[i]	ㅜ[u]	ㅡ[ɯ]	ㅔ[e]	ㅐ[ɛ]	ㅗ[o]	ㅓ[ɔ]
다	디	두	드	데	대	도	더
タ[ta]	ティ[ti]	トゥ[tu]	トゥ[tɯ]	テ[te]	テ[tɛ]	ト[to]	ト[tɔ]

4時間目

練習❷　次の単語を発音しながら、書いてみましょう。

(1) 모두
モドゥ（全部で）

(2) 더
ト（もっと）

(3) 두 대
トゥデ（二台）

(4) 도레미
トレミ（ドレミ）

(5) 다
タ（すべて）

平音の子音

(6)  # 어디
オディ(どこ)

(7) 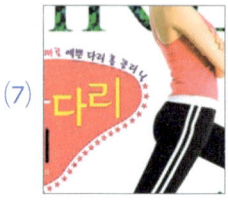 # 다리
タリ(脚)

(8) 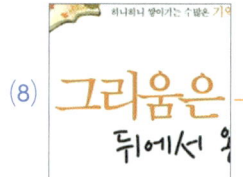 # 뒤
トゥイ(後ろ)

(9)  # 구두
クドゥ(靴)

ㅂ (パッとの[p])

	語頭 [p]	語中 [b]
바	パ	バ
비	ピ	ビ
부 브	プ	ブ
베 배	ペ	ベ
보 버	ポ	ボ

書き順はこのとおり。

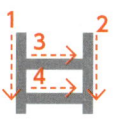

縦→縦→横→横の順ですね。

平音の子音

練習❶　次のハングルを大きな声で読みながら書いてみましょう。

(ㅂ [p])に母音を足すと…

ㅏ [a]	ㅣ [i]	ㅜ [u]	ㅡ [ɯ]	ㅔ [e]	ㅐ [ɛ]	ㅗ [o]	ㅓ [ɔ]
바 パ [pa]	비 ピ [pi]	부 プ [pu]	브 プ [pɯ]	베 ペ [pe]	배 ペ [pɛ]	보 ポ [po]	버 ポ [pɔ]

4時間目

練習❷ 次の単語を発音しながら、書いてみましょう。

(1) 바나나
パナナ（バナナ）

(2) 보배
ポベ（宝）

(3) 부부
プブ（夫婦）

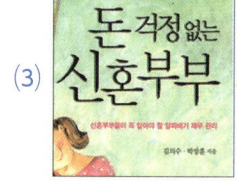

(4) 비
ピ（雨）

(5) 두부
トゥブ（豆腐）

平音の子音

ㅈ（スウォッチの[ʧ]）

	語頭 [ʧ]	語中 [ʤ]
자	チャ	ジャ
지	チ	ジ
주 즈	チュ	ジュ
제 재	チェ	ジェ
조 저	チョ	ジョ

書き順は以下。3画になります。「ㅈ」は手書きのときは一般的に「ス」という具合に2画で書くことが多いです。

練習❶　次のハングルを大きな声で読みながら書いてみましょう。

(ㅈ [ʧ])に母音を足すと…

ㅏ[a]	ㅣ[i]	ㅜ[u]	ㅡ[ɯ]	ㅔ[e]	ㅐ[ɛ]	ㅗ[o]	ㅓ[ɔ]
자	지	주	즈	제	재	조	저
チャ [ʧa]	チ [ʧi]	チュ [ʧu]	チュ [ʧɯ]	チェ [ʧe]	チェ [ʧɛ]	チョ [ʧo]	チョ [ʧɔ]

平音の子音

練習❷ 次の単語を発音しながら、書いてみましょう。

(1) 아버지

アボジ(お父さん)

(2) 제주도

チェジュド(済州島)

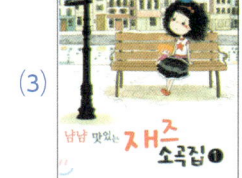

(3) 재즈

チェジュ(ジャズ)

(4) 제조

チェジョ(製造)

(5) 바지

パジ(ズボン)

(6)  아주
アジュ(とても)

(7)  과자
クヮジャ(お菓子)

(8) 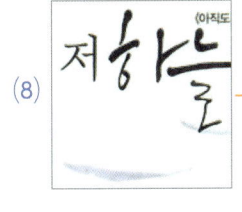 저
チョ(あの)

平音の子音

ㅅ（サクランボの[s]）

	語頭 [s]	語中 [s]
사	サ	
시	シ	
수	ス	
스		
세		セ
새		
소		ソ
서		

書き順はこのとおり。

基本どおり、上から下、です。

練習❶ 次のハングルを大きな声で読みながら書いてみましょう。

(ㅅ [s,ʃ])に母音を足すと…

ㅏ [a]	ㅣ [i]	ㅜ [u]	ㅡ [ɯ]	ㅔ [e]	ㅐ [ɛ]	ㅗ [o]	ㅓ [ɔ]
사	시	수	스	세	새	소	서
サ [sa]	シ [ʃi]	ス [su]	ス [sɯ]	セ [se]	セ [sɛ]	ソ [so]	ソ [sɔ]

平音の子音

練習❷   次の単語を発音しながら、書いてみましょう。

(1) 스시
スシ(すし)

(2) 소스
ソス(ソース)

(3) 수서
スソ(スソ[地名])

(4) 세마리
セマリ(三匹)

(5) 새
セ(新しい~)

(6)  사우나
サウナ(サウナ)

(7)  교과서
キョグヮソ(教科書)

(8) 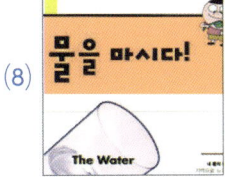 마시다
マシダ(飲む)

(9) 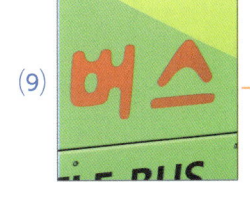 버스
ポス(バス)

(10) 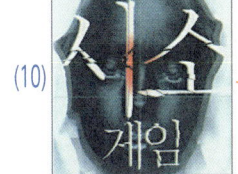 시소
シソ(シーソー)

平音の子音

〈ハングル早見表〉【平音】

子音＼母音	ㅏ [a]	ㅑ [ya]	ㅓ [ɔ]	ㅕ [yɔ]	ㅗ [o]	ㅛ [yo]	ㅜ [u]	ㅠ [yu]	ㅡ [ɯ]	ㅣ [i]
ㄱ [k/g]	가	갸	거	겨	고	교	구	규	그	기
ㄷ [t/d]	다	댜	더	뎌	도	됴	두	듀	드	디
ㅂ [p/b]	바	뱌	버	벼	보	뵤	부	뷰	브	비
ㅅ [s/ʃ]	사	샤	서	셔	소	쇼	수	슈	스	시
ㅈ [ʧ/dʒ]	자	쟈	저	져	조	죠	주	쥬	즈	지

「쟈」「져」「죠」「쥬」は、[자] [저] [조] [주]で発音します。

ㅐ [ɛ]	ㅒ [yɛ]	ㅔ [e]	ㅖ [ye]	ㅘ [wa]	ㅙ [wɛ]	ㅚ [we]	ㅝ [wɔ]	ㅞ [we]	ㅟ [wi]	ㅢ [ɯi]
개	걔	게	계	과	괘	괴	궈	궤	귀	긔
대	댸	데	뎨	돠	돼	되	둬	뒈	뒤	듸
배	뱨	베	볘	봐	봬	뵈	붜	붸	뷔	븨
새	섀	세	셰	솨	쇄	쇠	숴	쉐	쉬	싀
재	쟤	제	졔	좌	좨	죄	줘	줴	쥐	즤

※このうち、普段あまり使われない文字もある。

スーパーでは、サンチュなどの包野菜(ッサムヤチェ)が充実しています。

5 時間目

激音の子音

激音の子音を覚えよう!

「0時間目」で自分の名前を書いてみましたね。思い出してみましょう。

タカハシケイコ　ヤマダキンタロウ
다카하시 게이코 야마다 긴타로

日本語においては、「顔（カオ）」、「タラ」などの「カ、タ、パ」行の発音を勢いよくしても単語の意味は変わりませんが、韓国語では意味が変わるんです。たとえば、**平音**の「비」は「雨」、勢いよく発音する**激音**の「피」は「血」という意味になりますし、当然文字の形も違います。この**激音は、語中でも音が濁りませんから**、名前を書くときに使ってるんです！

> 「다가하시」だと、「パボの法則」(P.75)で「タガハシ」になってしまうね。

ㄱ [k], ㄷ [t], ㅂ [p], ㅈ [ʧ], ㅇ [-]は覚えていますか。右に母音「ㅏ [a]」をつけて読むと、가 [ka], 다 [ta], 바 [pa], 자 [ʧa], 아 [-a]でしたね。

さて、今回はㄱ [k], ㄷ [t], ㅂ [p], ㅈ [ʧ], ㅇ [-]の文字に、毛が生えたような文字、

ㅋ [kʰ]、ㅌ [tʰ]、ㅍ [pʰ]、ㅊ [ʧʰ]、ㅎ [h]

です。これを**激音**といいます。

비 雨 ピ[pi]　　　피 血 ピ[pʰi]

자 定規 チャ[ʧa]　　　차 車 チャ[ʧʰa]

주다 あげる チュダ[ʧuda]　　　추다 踊る チュダ[ʧʰuda]

このように呼気の量によって意味が変わるね。また、このハングルの発音の違いは仮名の表記においては区別はできません。

> **ポイント！**
>
> ## 毛が生えたら激音　つばが飛ぶほど元気よく
>
> もとの子音字「ㄱ」などに「ㅋ」のように棒が一本増えたり、点のような毛が生えた子音字は激音。息を強く出せばOKです。

この文字の右に母音「ㅏ [a]」をつけて読むと、

카 [kʰa]　**타** [tʰa]　**파** [pʰa]　**차** [ʧʰa]　**하** [ha]

となります。**激音は字面のとおり激しい音、つまり息を勢いよく、多く出す発音で、語中でも濁ることはありません。**

口に軽くティッシュペーパーを当てて音の出し方を確認してみましょう。目に見えてわかります。平音の発音は紙の揺れがそれほどありませんが、息を強く噴き出す激音の場合は紙の揺れが激しいです。

> 激音はティッシュペーパーが激しく揺れるよ。

激音の子音

まとめてみましょう。

字母	発音記号	発音	実際の文字
ㅋ	[kʰ]	強い息を出しながら、カ行の子音を発音する	카 키 쿠 케 코 カ キ ク ケ コ
ㅌ	[tʰ]	強い息を出しながら、タ行の子音を発音する	타 티 투 테 토 タ ティ トゥ テ ト
ㅍ	[pʰ]	強い息を出しながら、パ行の子音を発音する	파 피 푸 페 포 パ ピ プ ペ ポ
ㅊ	[ʧʰ]	強い息を出しながら、チャ行の子音を発音する	차 치 추 체 초 チャ チ チュ チェ チョ
ㅎ	[h]	ハ行の子音とほぼ同じ	하 히 후 헤 호 ハ ヒ フ ヘ ホ

激音

「티」と「투」は「チ」や「ツ」とは違うよ。

空気をいっぱい出すことを忘れないでね!

書き順は以下のとおりです。

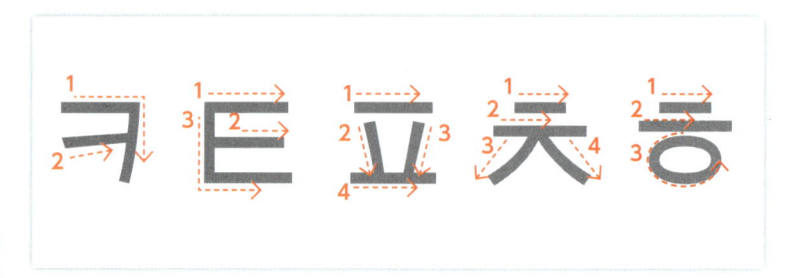

ㅋ ㅌ ㅍ ㅊ ㅎ

「ㅌ」と「ㅊ」は 手書きのとき、一般的に「ㅌ」と「ㅊ」と書くことが多いです。

練習❶　次のハングルを大きな声で読みながら、書いてみましょう。

(ㅋ [kʰ])に母音を足すと…

ㅏ	ㅣ	ㅜ	ㅡ	ㅔ	ㅐ	ㅗ	ㅓ
[a]	[i]	[u]	[ɯ]	[e]	[ɛ]	[o]	[ɔ]
카	키	쿠	크	케	캐	코	커
カ	キ	ク	ク	ケ	ケ	コ	コ
[kʰa]	[kʰi]	[kʰu]	[kʰɯ]	[kʰe]	[kʰɛ]	[kʰo]	[kʰɔ]

激音の子音

(ㅌ [tʰ])に母音を足すと…

ㅏ[a]	ㅣ[i]	ㅜ[u]	ㅡ[ɯ]	ㅔ[e]	ㅐ[ɛ]	ㅗ[o]	ㅓ[ɔ]
타	티	투	트	테	태	토	터
タ [tʰa]	ティ [tʰi]	トゥ [tʰu]	トゥ [tʰɯ]	テ [tʰe]	テ [tʰɛ]	ト [tʰo]	ト [tʰɔ]

5時間目

(ㅍ [pʰ])に母音を足すと…

ㅏ [a]	ㅣ [i]	ㅜ [u]	ㅡ [ɯ]	ㅔ [e]	ㅐ [ɛ]	ㅗ [o]	ㅓ [ɔ]
파	피	푸	프	페	패	포	퍼
パ [pʰa]	ピ [pʰi]	プ [pʰu]	プ [pʰɯ]	ペ [pʰe]	ペ [pʰɛ]	ポ [pʰo]	ポ [pʰɔ]

激音の子音

(ㅊ [tʃʰ])に母音を足すと…

ㅏ [a]	ㅣ [i]	ㅜ [u]	ㅡ [ɯ]	ㅔ [e]	ㅐ [ɛ]	ㅗ [o]	ㅓ [ɔ]
=	=	=	=	=	=	=	=
차	**치**	**추**	**츠**	**체**	**채**	**초**	**처**
チャ [tʃʰa]	チ [tʃʰi]	チュ [tʃʰu]	チュ [tʃʰɯ]	チェ [tʃʰe]	チェ [tʃʰɛ]	チョ [tʃʰo]	チョ [tʃʰɔ]

5時間目

(ㅎ [h])に母音を足すと…

ㅏ[a]	ㅣ[i]	ㅜ[u]	ㅡ[ɯ]	ㅔ[e]	ㅐ[ɛ]	ㅗ[o]	ㅓ[ɔ]
하	히	후	흐	헤	해	호	허
ハ [ha]	ヒ [hi]	フ [hu]	フ [hɯ]	ヘ [he]	ヘ [hɛ]	ホ [ho]	ホ [hɔ]

激音の子音

練習❷　次のハングルを大きな声で読みながら、書いてみましょう。

(1) 커피
コピ(コーヒー)

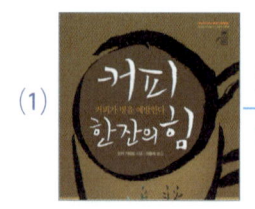

(2) 카피
カピ(コピー)

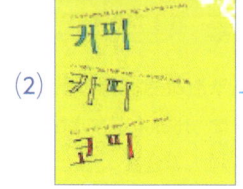

(3) 코피
コピ(鼻血)

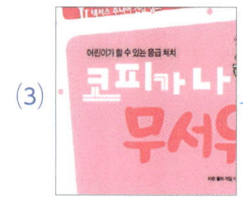

(4) 우표
ウピョ(切手)

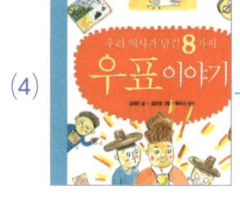

(5) 아파트
アパト(マンション)

(6)  주차
チュチャ(駐車)

(7) 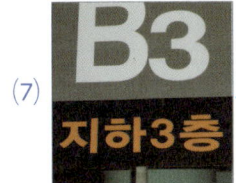 지하
チハ(地下)

(8) 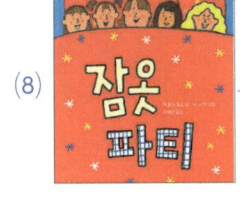 파티
パティ(パーティー)

(9)  카푸치노
カプチノ(カプチーノ)

(10)  아토피
アトピ(アトピー)

激音の子音

(11) 스케치
スケチ(スケッチ)

(12) 치마
チマ(スカート)

(13) 마트
マト(マート)

(14) 토스트
トスト(トースト)

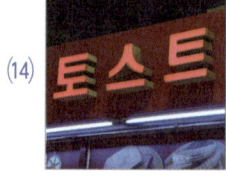

(15) 아바타
アバタ(アバター)

※激音の早見表は、P.119「6時間目」濃音と一緒にまとめました。

6 時間目

濃音の子音

濃音の子音を覚えよう!

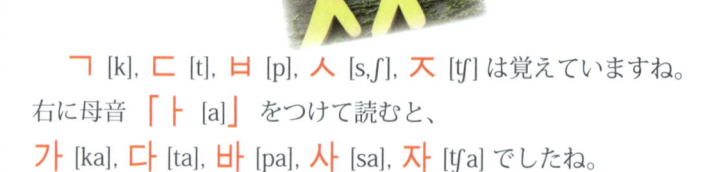

ㄱ [k], ㄷ [t], ㅂ [p], ㅅ [s,ʃ], ㅈ [tʃ] は覚えていますね。
右に母音「ㅏ [a]」をつけて読むと、
가 [ka], 다 [ta], 바 [pa], 사 [sa], 자 [tʃa] でしたね。

さて、ハングル文字にはㄱ [k], ㄷ [t], ㅂ [p], ㅅ [s,ʃ], ㅈ [tʃ] の文字に、もとの子音の文字と同じ文字をもう一つ重ねたㄲ [ʔk], ㄸ [ʔt], ㅃ [ʔp], ㅆ [ʔs,ʔʃ], ㅉ [ʔtʃ] があります。これを**濃音**といいます。

この文字の右に母音「ㅏ [a]」をつけて読むと、
까 [ʔka], 따 [ʔta], 빠 [ʔpa], 싸 [ʔsa], 짜 [ʔtʃa] になります。

6時間目

가다 行く
カダ[kada]

까다 剥(む)く
ッカダ[ʔkada]

지다 負ける
チダ[tʃida]

찌다 蒸す
ッチダ[ʔtʃida]

비다 空く
ピダ[pida]

삐다 捻挫する
ッピダ[ʔpida]

> こんなに音の濃さによって意味が変わってしまうから、発音と書き方に気をつけなくちゃ!

> **ポイント!**
>
> # 濃音は文字も濃ければ音も濃い
>
> もとの子音字「ㄱ」「ㄷ」などに同じ文字をもう一つ重ねた「ㄲ」「ㄸ」などのような濃音は、文字も音も濃くなるため、発音は前に「ッ」をつければいいです。

濃音はティッシュペーパーがほとんど揺れないよ。

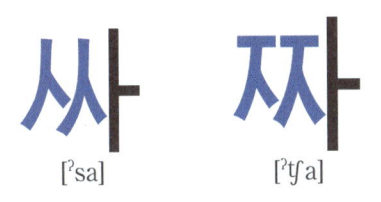

까 따 빠
[ˀka]　[ˀta]　[ˀpa]

싸 짜
[ˀsa]　[ˀtʃa]

濃音は文字が濃いのと同じように、発音も濃いです。ほとんど息を出さず、喉を強く緊張させて出す音です。語中でも濁ることはありません。

濃音の子音

	字母	発音記号	発音	実際の文字
濃音	ㄲ	[ˀk]	까は「カッカ」の「ッカ」に似た音	까 끼 꾸 께 꼬 ッカ ッキ ック ッケ ッコ
	ㄸ	[ˀt]	따は「タッタ」の「ッタ」に似た音	따 띠 뚜 떼 또 ッタ ッティ ットゥ ッテ ット
	ㅃ	[ˀp]	빠は「パッパ」の「ッパ」に似た音	빠 삐 뿌 뻬 뽀 ッパ ッピ ップ ッペ ッポ
	ㅆ	[ˀs, ˀʃ]	싸は「サッサ」の「ッサ」に似た音	싸 씨 쑤 쎄 쏘 ッサ ッシ ッス ッセ ッソ
	ㅉ	[ˀtʃ]	짜は「チャッチャ」の「ッチャ」に似た音	짜 찌 쭈 쩨 쪼 ッチャ ッチ ッチュ ッチェ ッチョ

ということで、
ㄲ ㄸ ㅃ ㅆ ㅉ
などの文字の発音はいずれも濃音で、また、
「ッ○」という発音を表記するときは、
ㄲ ㄸ ㅃ ㅆ ㅉ
を書けばいいです。

書き順は以下。

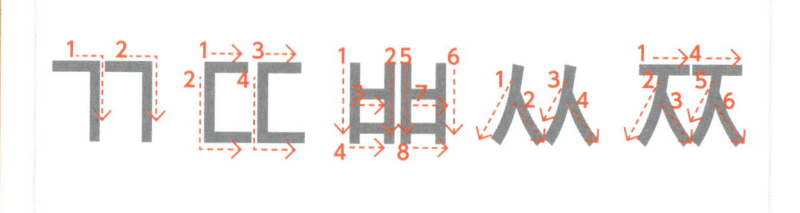

練習❶ 次のハングルを大きな声で読みながら、書いてみましょう。

(ㄲ [ʔk])に母音を足すと…

ㅏ [a]	ㅣ [i]	ㅜ [u]	ㅡ [ɯ]	ㅔ [e]	ㅐ [ɛ]	ㅗ [o]	ㅓ [ɔ]
=	=	=	=	=	=	=	=
까	끼	꾸	끄	께	깨	꼬	꺼
ッカ [ʔka]	ッキ [ʔki]	ック [ʔku]	ック [ʔkɯ]	ッケ [ʔke]	ッケ [ʔkɛ]	ッコ [ʔko]	ッコ [ʔkɔ]

濃音の子音

(ㄸ [ˀt])に母音を足すと…

ㅏ [a]	ㅣ [i]	ㅜ [u]	ㅡ [ɯ]	ㅔ [e]	ㅐ [ɛ]	ㅗ [o]	ㅓ [ɔ]
따	띠	뚜	뜨	떼	때	또	떠
ッタ [ˀta]	ッティ [ˀti]	ットゥ [ˀtu]	ットゥ [ˀtɯ]	ッテ [ˀte]	ッテ [ˀtɛ]	ット [ˀto]	ット [ˀtɔ]

6時間目

(ㅃ [ˀp])に母音を足すと…

ㅏ [a]	ㅣ [i]	ㅜ [u]	ㅡ [ɯ]	ㅔ [e]	ㅐ [ɛ]	ㅗ [o]	ㅓ [ɔ]
빠	삐	뿌	쁘	뻬	빼	뽀	뻐
ッパ [ˀpa]	ッピ [ˀpi]	ップ [ˀpu]	ップ [ˀpɯ]	ッペ [ˀpe]	ッペ [ˀpɛ]	ッポ [ˀpo]	ッポ [ˀpɔ]

濃音の子音

(ㅆ [ʼs,ʼʃ])に母音を足すと…

ㅏ [a]	ㅣ [i]	ㅜ [u]	ㅡ [ɯ]	ㅔ [e]	ㅐ [ɛ]	ㅗ [o]	ㅓ [ɔ]
싸	씨	쑤	쓰	쎄	쌔	쏘	써
ッサ [ʼsa]	ッシ [ʼʃi]	ッス [ʼsu]	ッス [ʼsɯ]	ッセ [ʼse]	ッセ [ʼsɛ]	ッソ [ʼso]	ッソ [ʼsɔ]

6時間目

(짜 [ʔʧ])に母音を足すと…

ㅏ [a]	ㅣ [i]	ㅜ [u]	ㅡ [ɯ]	ㅔ [e]	ㅐ [ɛ]	ㅗ [o]	ㅓ [ɔ]
짜	찌	쭈	쯔	쩨	째	쪼	쩌
ッチャ [ʔʧa]	ッチ [ʔʧi]	ッチュ [ʔʧu]	ッチュ [ʔʧɯ]	ッチェ [ʔʧe]	ッチェ [ʔʧɛ]	ッチョ [ʔʧo]	ッチョ [ʔʧɔ]

濃音の子音

練習❷　次の語を線で結びなさい。

タ　ッパ　ッカ　カ　パ　チャ　ッチャ　ッタ　ッサ　サ

가　까　다　따　바　빠　사　싸　자　짜

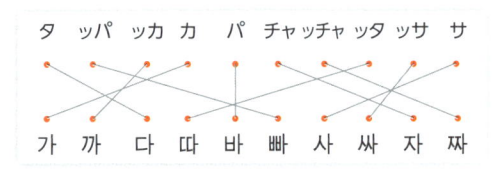

解答：
- タ — 다
- ッパ — 빠
- ッカ — 까
- カ — 가
- パ — 바
- チャ — 자
- ッチャ — 짜
- ッタ — 따
- ッサ — 싸
- サ — 사

練習❸　次の単語を線で結びなさい。

アッパ ・　・쓰다
ッスダ ・　・아빠
ッカチ ・　・까치
ッタロ ・　・따로

解答：
- アッパ — 아빠
- ッスダ — 쓰다
- ッカチ — 까치
- ッタロ — 따로

6時間目

練習❹　次のハングルを書きながら、大きな声で読んでみましょう。

(1) 오빠
オッパ((妹から見て)兄)

(2) 찌개
ッチゲ(鍋物)

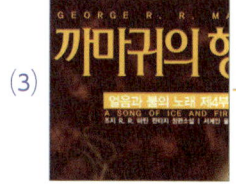

(3) 까마귀
ッカマグィ(カラス)

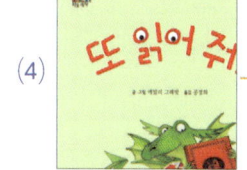

(4) 또
ット(また)

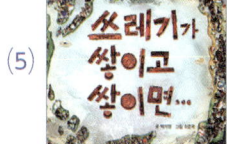

(5) 쓰레기
ッスレギ(ごみ)

濃音の子音

(6) 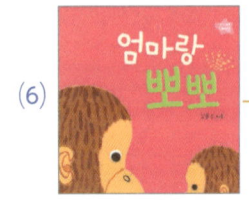 **뽀뽀**
ツポッポ(チュー、キス)

(7)  **깨**
ッケ(ゴマ)

(8)  **가짜**
カッチャ(偽物)

(9) **바빠요.**
パッパヨ(忙しいです。)

(10) **써 보세요.**
ッソ ボセヨ(書いてみてください。)

〈ハングル早見表〉

【激音】

子音\母音	ㅏ [a]	ㅑ [ya]	ㅓ [ɔ]	ㅕ [yɔ]	ㅗ [o]	ㅛ [yo]	ㅜ [u]	ㅠ [yu]	ㅡ [ɯ]	ㅣ [i]
ㅊ[tʃʰ]	차	챠	처	쳐	초	쵸	추	츄	츠	치
ㅋ[kʰ]	카	캬	커	켜	코	쿄	쿠	큐	크	키
ㅌ[tʰ]	타	탸	터	텨	토	툐	투	튜	트	티
ㅍ[pʰ]	파	퍄	퍼	펴	포	표	푸	퓨	프	피
ㅎ[h]	하	햐	허	혀	호	효	후	휴	흐	히

「챠」「쳐」「쵸」「츄」は、[차][처][초][추]で発音します。

ㅐ [ɛ]	ㅒ [yɛ]	ㅔ [e]	ㅖ [ye]	ㅘ [wa]	ㅙ [wɛ]	ㅚ [we]	ㅝ [wɔ]	ㅞ [we]	ㅟ [wi]	ㅢ [ɯi]
채	챼	체	쳬	촤	쵀	최	춰	췌	취	츼
캐	컈	케	켸	콰	쾌	쾨	쿼	퀘	퀴	킈
태	턔	테	톄	톼	퇘	퇴	퉈	퉤	튀	틔
패	퍠	페	폐	퐈	퐤	푀	풔	풰	퓌	픠
해	햬	헤	혜	화	홰	회	훠	훼	휘	희

【濃音】

子音\母音	ㅏ [a]	ㅑ [ya]	ㅓ [ɔ]	ㅕ [yɔ]	ㅗ [o]	ㅛ [yo]	ㅜ [u]	ㅠ [yu]	ㅡ [ɯ]	ㅣ [i]
ㄲ[ʔk]	까	꺄	꺼	껴	꼬	꾜	꾸	뀨	끄	끼
ㄸ[ʔt]	따	땨	떠	뗘	또	뚀	뚜	뜌	뜨	띠
ㅃ[ʔp]	빠	뺘	뻐	뼈	뽀	뾰	뿌	쀼	쁘	삐
ㅆ[ʔs]	싸	쌰	써	쎠	쏘	쑈	쑤	쓔	쓰	씨
ㅉ[ʔtʃ]	짜	쨔	쩌	쪄	쪼	쬬	쭈	쮸	쯔	찌

「쨔」「쩌」「쬬」「쮸」は、[짜][쩌][쪼][쭈]で発音します。

ㅐ [ɛ]	ㅒ [yɛ]	ㅔ [e]	ㅖ [ye]	ㅘ [wa]	ㅙ [wɛ]	ㅚ [we]	ㅝ [wɔ]	ㅞ [we]	ㅟ [wi]	ㅢ [ɯi]
깨	꺠	께	꼐	꽈	꽤	꾀	꿔	꿰	뀌	끠
때	떄	떼	뎨	똬	뙈	뙤	뚸	뛔	뛰	띄
빼	뺴	뻬	뼤	뽜	뽸	뾔	뿨	쀄	쀠	쁴
쌔	썌	쎄	쎼	쏴	쐐	쐬	쒀	쒜	쒸	씌
째	쨰	쩨	쪠	쫘	쫴	쬐	쭤	쮀	쮜	찍

※このうち、普段あまり使われない文字もある。

あいさつ語を覚えよう（その4）

1 잘 먹겠습니다. チャル モッケスムニダ。
いただきます。

2 잘 먹었습니다. チャル モゴッスムニダ。
ごちそうさまでした。

3 맛있게 드세요. マシッケ ドゥセヨ。
どうぞ召し上がってください。

4 많이 드세요. マニ ドゥセヨ。
ごゆっくりどうぞ。（←たくさん召し上がってください。）

5 배 불러요. ペブルロヨ。
おなかがいっぱいです。

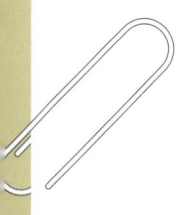

6 변변치 못했습니다.
ピョンビョンチ モテッスムニダ。
お粗末さまでした。

7 時間目

鼻音と流音のパッチム

鼻音と流音のパッチムを覚えよう!

「1時間目」の「ハングルの構造」(P.32)をもう一度めくってみてください。「**②子音＋母音＋子音**」の組み合わせをいよいよ勉強しましょう。最後にくる三番目の子音のことを**「終声」**といいます(**「パッチム」**と同じ意味です)。

「初声」のときの発音とは異なり、発音が変化しますが、この発音の仕方により

①鼻音：ㅁ [m], ㄴ [n], ㅇ [ŋ]
②流音：ㄹ [l]
③閉鎖音：ㄱ , ㅋ [k], ㄷ , ㅌ [t], ㅂ , ㅍ [p] など

の三つに分けられます。この「7時間目」では①②を、「8時間目」で③をやりましょう。

7時間目

나	무	벼	도	남	문	병	돌
[na]	[mu]	[pyɔ]	[to]	[nam]	[mun]	[pyɔŋ]	[tol]
私	大根	稲	度	他人	門	ビン	石

	字母	発音記号	発音	実際の文字
鼻音	ㅁ	[m]	「암」は「アンも」と発音するときの「アン」	감 남 담 람 맘 カㇺ ナㇺ タㇺ ラㇺ マㇺ
	ㄴ	[n]	「안」は「アンに」と発音するときの「アン」	간 난 단 란 만 カン ナン タン ラン マン
	ㅇ	[ŋ]	「앙」は「アンが」と発音するときの「アン」	강 낭 당 랑 망 カン ナン タン ラン マン
流音	ㄹ	[l]	「알」の「ㄹ」は舌先を口の天井につけたままで離さない	갈 날 달 랄 말 カル ナル タル ラル マル

練習❶ 次の空欄を書き埋め、声に出して読んでみましょう。

	ㅁ [m]	ㄴ [n]	ㅇ [ŋ]	ㄹ [l]
가 [ka/ga]	감			
나 [na]		난		
다 [ta/da]			당	
라 [ra]				랄
마 [ma]				
바 [pa/ba]				
사 [sa]				
아 [a]				
자 [ʧa/ʥa]				
차 [ʧʰa]				
카 [kʰa]				
타 [tʰa]				
파 [pʰa]				
하 [ha]				

鼻音と流音のパッチム

「カルビ」の法則

初声として使われる平音の「ㄱ、ㄷ、ㅂ、ㅈ」は、鼻音のパッチム「ㄴ、ㅁ、ㅇ」や流音のパッチム「ㄹ」の後ろに続くとき、それぞれ日本語の濁音のように [g]、[d]、[b]、[dʒ] の発音に変わります。これを有声音化といいます。**「パボの法則」**(P.75) では、これら平音の「ㄱ、ㄷ、ㅂ、ㅈ」が母音の後ろに続くとき濁音になる、というものでしたね。それと同じことがパッチムの後ろでも起こるんです。

〈表記〉 カルピ 〈発音〉 [カルビ]

갈비　[갈비]
カルビ

まとめると、こういうこと！

　　　　　　　パッチム　　　　　　　初声字母
〈表記〉　ㄴ　ㅁ　ㅇ　ㄹ　＋　ㅂ　ㄷ　ㄱ　ㅈ
〈発音〉　　　　　　　　　　初声 [b]　[d]　[g]　[dʒ]

発音のとき、いずれも有声音、つまり濁音に変わるよ！

공부
[コンプ→コンブ] 勉強

밴드
[ペントゥ→ペンドゥ] バンド

감기
[カムキ→カムギ] 風邪

반지
[パンチ→パンジ] 指輪

신부
[シンプ→シンブ] 新婦

준비
[チュンピ→チュンビ] 準備

날개
[ナルケ→ナルゲ] 翼

언제
[オンチェ→オンジェ] いつ

「배용준」「장동건」「원빈」が読めますか。そうそう、「ペ・ヨンジュン」「チャン・ドンゴン」「ウォン・ビン」ですね。パッチム「ㄴ、ㄹ、ㅁ、ㅇ」の次に「ㄱ[k]、ㄷ[t]、ㅂ[p]、ㅈ[tʃ]」などが続くとき、それは有声音化して [g]、[d]、[b]、[dʒ] に変わります。

7時間目

練習❶   次のハングルを書きながら、大きな声で読んでみましょう。

(1)  남대문
ナムデムン(南大門)

(2)  일본
イルボン(日本)

(3)  경찰
キョンチャル(警察)

(4)  사랑해
サランヘ(愛してるよ)

(5)  담배
タムベ(たばこ)

鼻音と流音のパッチム

(6)  삼계탕
サムゲタン(参鶏湯)

(7)  굴비
クルビ(干しイシモチ)

(8)  컴퓨터
コムピュト(コンピュータ)

(9)  동양
トンヤン(東洋)

(10) 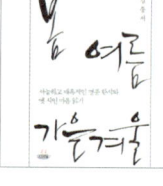 봄 여름
가을 겨울
ポム　ヨルム　カウル　キョウル
(春　夏　秋　冬)

練習❷ 次の単語を読みながら5回ずつ書いてみましょう。
<いずれも「ハングル検定試験5級」の単語です>

単語	読み (意味)					
얼굴	オルグル (顔)					
눈	ヌン (目)					
발	パル (足)					
가슴	カスム (胸)					
팔	パル (腕)					
손	ソン (手)					
산	サン (山)					
달	タル (月)					
구름	クルム (雲)					
강	カン (川)					
눈	ヌン (雪)					
할아버지	ハラボジ (祖父)					
할머니	ハルモニ (祖母)					
아들	アドゥル (息子)					
딸	ッタル (娘)					
형	ヒョン (兄(弟から))					
언니	オンニ (姉(妹から))					
동생	トンセン (妹、弟)					
비행기	ピヘンギ (飛行機)					
자동차	チャドンチャ (自動車)					
전철	チョンチョル (地下鉄、電車)					
길	キル (道)					
선생님	ソンセンニム (先生)					
잘	チャル (上手に)					
정말	チョンマル (本当、本当に)					
양말	ヤンマル (靴下)					

鼻音と流音のパッチム

컴퓨터	コンピュト (パソコン)					
메일	メイル (メール)					
볼펜	ポルペン (ボールペン)					
텔레비전	テルレビジョン (テレビ)					
연필	ヨンピル (鉛筆)					
호텔	ホテル (ホテル)					
교실	キョシル (教室)					
도서관	トソグヮン (図書館)					
월요일	ウォリョイル (月曜日)					
화요일	ファヨイル (火曜日)					
수요일	スヨイル (水曜日)					
목요일	モギョイル (木曜日)					
금요일	クミョイル (金曜日)					
토요일	トヨイル (土曜日)					
일요일	イリョイル (日曜日)					
일주일	イルチュイル (一週間)					
공부	コンブ (勉強)					
농구	ノング (バスケットボール)					
빵	ッパン (パン)					
김치	キムチ (キムチ)					
술	スル (酒)					
물	ムル (水)					
빨리	ッパルリ (速く)					
제일	チェイル (一番、最も)					
무슨	ムスン (何の)					
얼마	オルマ (いくら)					
언제	オンジェ (いつ)					

「パイナップル」の法則

「パイナップル（pineapple）」は、「パイン（pine）＋アップル（apple）」の音が変化したものですね。それと同じように韓国語でも、**パッチムがある文字の次に母音（「ㅇ」で表記）で始まる文字がくると、前のパッチムは次の音節の初声として発音されます。**これを**連音化**といいます。ただし、表記は変わりありません。

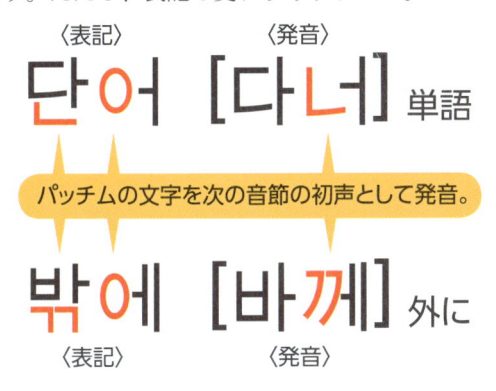

〈表記〉　　〈発音〉
단어 [다너] 単語

パッチムの文字を次の音節の初声として発音。

밖에 [바께] 外に
〈表記〉　　〈発音〉

ただし、**終声の字母（パッチム）が「ㅇ」のときは、連音化せずに発音**します。

〈表記〉　　〈発音〉
송이 [송이] マツタケ
[soŋ-i]　　[soŋ-i]

〈表記〉　　〈発音〉
방에 [방에] 部屋に
[paŋ-e]　　[paŋ-e]

練習❶   次のハングルを書きながら、大きな声で読んでみましょう。

(1) 일요일
イリョイル（日曜日）

(2) 국어
クゴ（国語）

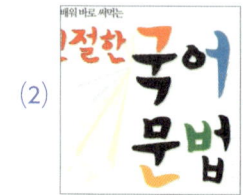

(3) 출입구
チュリプク（出入り口）

(4) 일본어
イルボノ（日本語）

(5) 편의점
ピョニジョム（コンビニ）

練習❷　次の単語を読みながら5回ずつ書いてみましょう。
＜いずれも「ハングル検定試験5級」の単語です＞

앞 アプ (前)					
옆 ヨプ (横)					
밑 ミッ (下)					
왼쪽 ウェンチョク (左)					
오른쪽 オルンチョク (右)					
택시 テクシ (タクシー)					
밖 パク (外)					
옷 オッ (服)					
입 イプ (口)					
고등학교 コドゥンハッキョ (高校)					
대학 テハク (学部、短大)					
대학교 テハッキョ (大学)					
학생 ハクセン (生徒、児童)					
수업 スオプ (授業)					
책 チェク (本)					
책상 チェクサン (机)					
목요일 モギョイル (木曜日)					
밥 パプ (ごはん)					
비빔밥 ピビンパプ (ピビンパ)					
맛없다 マドプッタ (まずい)					
입다 イプタ (着る)					
벗다 ポッタ (脱ぐ)					

鼻音と流音のパッチム

あいさつ語を覚えよう（その5）

1 안녕히 계세요. アンニョンイ ゲセヨ。
さようなら。（その場に残る人に対して）

2 안녕히 가세요. アンニョンイ ガセヨ。
さようなら。（去っていく人に対して）

3 안녕! アンニョン!
①バイバイ。②こんにちは。

4 안녕히 주무세요. アンニョンイ ジュムセヨ。
おやすみなさい。

5 안녕히 주무셨어요?
アンニョンイ ジュムショッソヨ?
おはようございます。（←よくお休みになりましたか。）

光化門（クヮンファムン）のライトアップはとても美しいです。

8 時間目

閉鎖音のパッチム

閉鎖音のパッチムを覚えよう!

　ここでは、「7時間目」の最初のページで分類したうちの③を見ていきましょう。「ㄱ, ㅋ [k], ㄷ, ㅌ [t], ㅂ, ㅍ [p]」などはパッチムとして用いられるとき、発音は口構えだけで、息は出しません。表記上はこのタイプのパッチムは、種類こそ多いですが、発音は3つしかないので、繰り返し練習して覚えてしまいましょう。

	모	파	자다	목	팥	잡다
	[mo]	[pʰa]	[ʥada]	[mok]	[pʰat]	[ʥapta]
	稲	ネギ	寝る	首	アズキ	つかむ

	字母	発音記号	発音	実際の文字
閉鎖音	ㄱ ㅋ ㄲ	[k]	악 앜 웎 は「アッカ」と言うときの「アッ」	악 앜 웎
	ㄷ ㅌ ㅅ ㅆ ㅈ ㅊ ㅎ	[t]	앋 앝 앗 았 앚 앛 は「アッタ」と言うときの「アッ」	앋 앝 앗 았 앚
	ㅂ ㅍ	[p]	압 앞 は「アッパ」と言うときの「アッ」	압 앞

7つのパッチム発音の法則

　前ページの表のように、表記においてはいろんなパッチムが使われますが、実際の発音は① ㅂ [p] ② ㄷ [t] ③ ㄱ [k] ④ ㅁ [m] ⑤ ㄴ [n] ⑥ ㅇ [ŋ] ⑦ ㄹ [l] の７つのみです。こういった発音の変化のことを、終声の中和といいます。このうちの④〜⑦は「７時間目」でやった、鼻音と流音のパッチムですね。

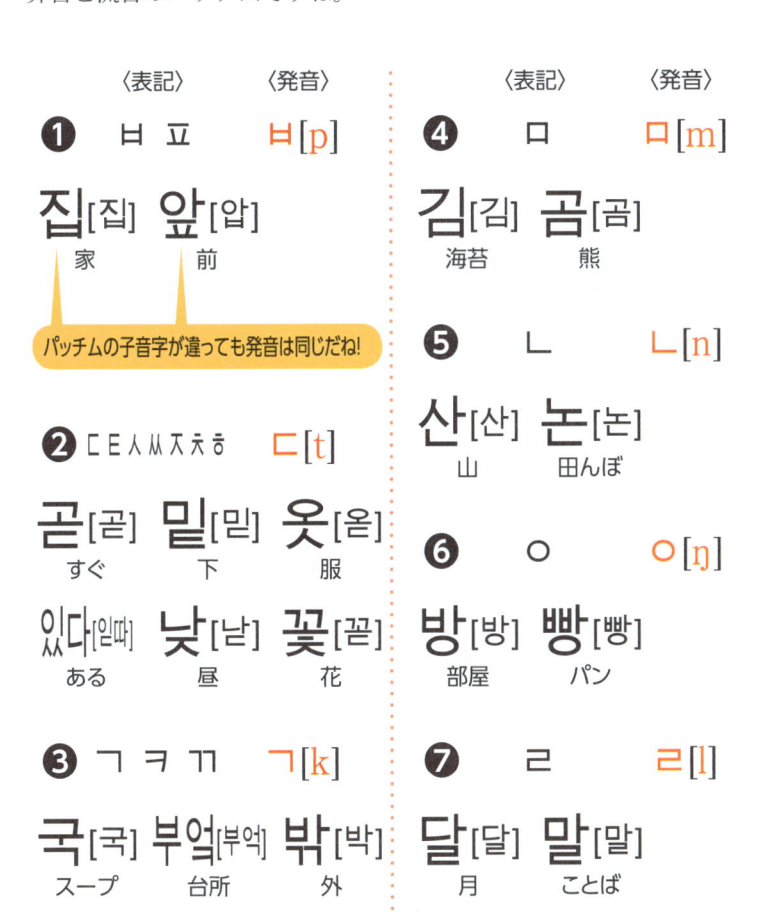

〈表記〉　〈発音〉

❶　ㅂ ㅍ　　ㅂ[p]

집[집]　앞[압]
家　　　前

パッチムの子音字が違っても発音は同じだね!

❷　ㄷ ㅌ ㅅ ㅆ ㅈ ㅊ ㅎ　　ㄷ[t]

곧[곧]　밑[믿]　옷[옫]
すぐ　　下　　　服

있다[읻따]　낮[낟]　꽃[꼳]
ある　　　　昼　　　花

❸　ㄱ ㅋ ㄲ　　ㄱ[k]

국[국]　부엌[부억]　밖[박]
スープ　台所　　　　外

〈表記〉　〈発音〉

❹　ㅁ　　ㅁ[m]

김[김]　곰[곰]
海苔　　熊

❺　ㄴ　　ㄴ[n]

산[산]　논[논]
山　　　田んぼ

❻　ㅇ　　ㅇ[ŋ]

방[방]　빵[빵]
部屋　　パン

❼　ㄹ　　ㄹ[l]

달[달]　말[말]
月　　　ことば

閉鎖音のパッチム

練習❶ 上の文字をパッチムとして読むとき、実際の発音を下から選んで線で結びなさい。

ㅂ　ㅍ　ㄱ　ㅅ　ㅈ　ㄷ　ㅋ　ㅌ

[ㄱ]　　　[ㄷ]　　　[ㅂ]

解答 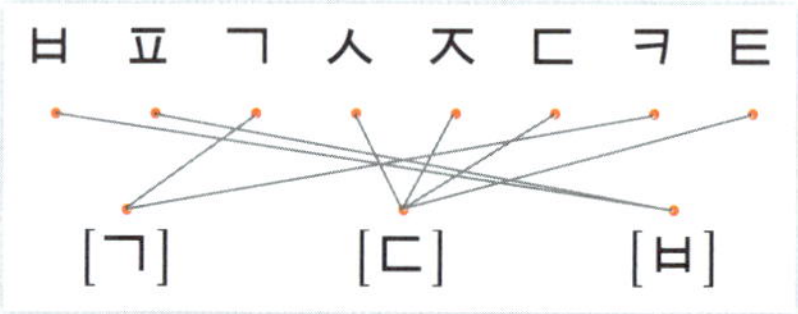
ㅂ　ㅍ　ㄱ　ㅅ　ㅈ　ㄷ　ㅋ　ㅌ
[ㄱ]　　[ㄷ]　　[ㅂ]

練習❷ 次を下線で結びなさい。

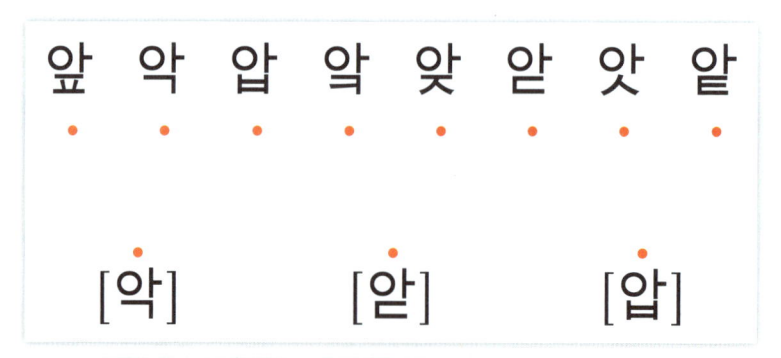

앞　악　압　앜　앚　앝　앗　앞

[악]　　　[앋]　　　[압]

解答
앞　악　압　앜　앚　앝　앗　앞
[악]　　[앋]　　[압]

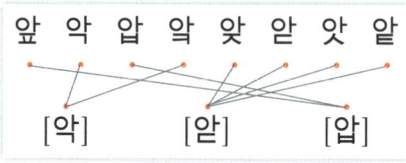

練習❸ 次の空欄を書き埋めながら声に出して読んでみましょう。

	ㄱ [k]	ㄷ [t]	ㅂ [p]
가 [ka]	각		
나 [na]		낟	
다 [ta]			답
라 [ra]			
마 [ma]			
바 [pa]			
사 [sa]			
아 [a]			
자 [tʃa]			
차 [tʃʰa]			
카 [kʰa]			
타 [tʰa]			
파 [pʰa]			
하 [ha]			

閉鎖音のパッチム

練習❹ 次のハングルを書きながら、大きな声で読んでみましょう。

(1) 집
チプ(家)

(2) 도착
トチャク(到着)

(3) 책
チェク(本)

(4) 김밥
キムパプ(のり巻き)

(5) 햇빛
ヘッピッ(太陽の光)

(6)  팥빙수
パッピンス (かき氷)

(7)  꽃
ッコッ (花)

(8)  타는 곳
タヌンゴッ (乗り場)

(9)  약국
ヤックク (薬局)

(10)  호박
ホバク (カボチャ)

閉鎖音のパッチム

二重パッチム

ハングルの単語の中には、二つのパッチムからなる「二重パッチム」というものがあります。パッチムの文字が二つあっても、左か右か、そのうちの一つしか発音しません。

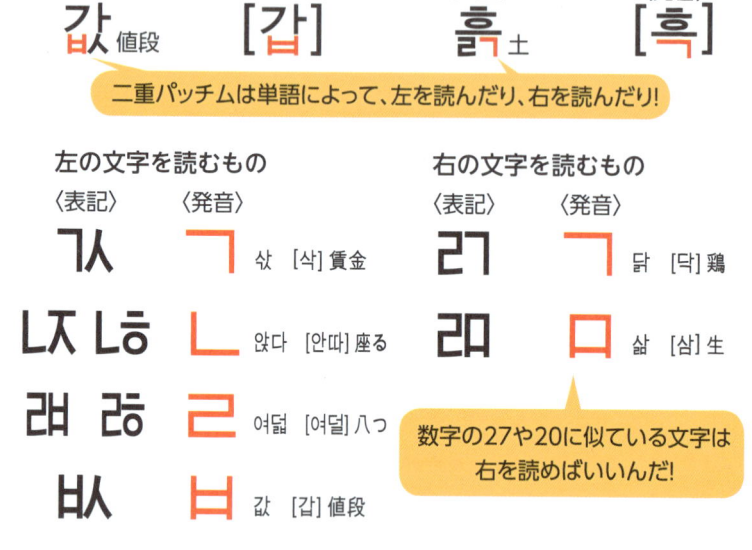

〈表記〉 값 値段　〈発音〉[갑]　〈表記〉 흙 土　〈発音〉[흑]

二重パッチムは単語によって、左を読んだり、右を読んだり!

左の文字を読むもの

〈表記〉　〈発音〉
ㄱㅅ　ㄱ　삯 [삭] 賃金
ㄴㅈ ㄴㅎ　ㄴ　앉다 [안따] 座る
ㄹㅂ ㄹㅎ　ㄹ　여덟 [여덜] 八つ
ㅂㅅ　ㅂ　값 [갑] 値段

右の文字を読むもの

〈表記〉　〈発音〉
ㄹㄱ　ㄱ　닭 [닥] 鶏
ㄹㅁ　ㅁ　삶 [삼] 生

数字の27や20に似ている文字は右を読めばいいんだ!

ただし

①後ろに母音が続くとき→右のパッチムが連音化して二つとも発音する。

맑음 [말금] 晴れ　앉아 [안자] 座って　넓어 [널버] 広くて

②後ろに子音が続くとき

(a) 濃音化する

앉다 [안따] 座る　앉습니다 [안씁니다] 座ります

(b) 激音化する

많다 [만타] 多い　싫지 않다 [실치 안타] 嫌いでない

③「ㄼ」は左を読むが、「밟다 [밥따] 踏む」のときのみ右を読む。

練習❶　次を大きな声で読みながら書いてみましょう。

(1)  닭
タク(鶏)

(2) 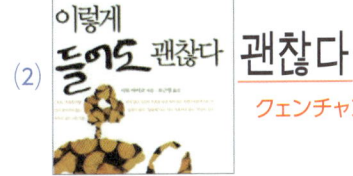 괜찮다
クェンチャンタ(大丈夫だ)

(3)  닮다
タムタ(似る)

(4) 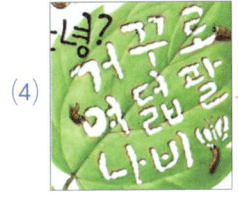 여덟
ヨドル(八)

あいさつ語を覚えよう（その6）

1. **어서 오세요.** オソ オセヨ。
いらっしゃいませ。

2. **다녀오겠습니다.** タニョ オゲッスムニダ。
行ってきます。

3. **다녀왔습니다.** タニョ ワッスムニダ。
ただいま。

4. **다녀오세요.** タニョ オセヨ。
行っていらっしゃい。

ハングルに親しめるようになれば、さまざまな場面で楽しみが増しますね。

巻末スペシャル

自分の名刺を
つくろう

ハングルで
名刺をつくろう!

　さて、ハングル文字の習得はできましたでしょうか？　読み書きがマスターできたら、実際に旅行したくなりますね。そんなとき、現地の人に自分のことを知ってもらいたい場面もあるかと思います。

　ここでは、「0時間目」でやってみた、ハングルで書いた自分の名前を使って名刺をつくってみましょう。堅苦しいものでなくてもかまいません。ぜひ巻末のレイアウトに、手書きで自分のことを書いてみてください。そうしてできあがった名刺を相手の方に渡せば、交流を深めることができるはずです。

株式会社学研パブリッシング → 주식회사 갓켄 퍼블리싱

회사원 ← 会社員

야마다 하나코 ← 山田 花子

안녕! ← こんにちは!

〒141-8412 도쿄도 시나가와구 니시고탄다 2-11-8-1701
TEL　+81-3-6431-1474　　FAX　+81-3-6431-1743
E-mail　hanako.yamada@gakken-publishing.co.jp
URL　http://gakken-publishing.co.jp/

〒141-8412　東京都 品川区 西五反田 2-11-8-1701

名刺の書き方

姓名

P.14の「0時間目」練習①でやった自分の名前のハングル表記を書きます。「姓」と「名」の間は少しあけましょう。

肩書き

日本の名刺と同じように、肩書きを入れる場合は、名前より少し小さめに。以下の職種などを参考にしてみてください。また気軽なものにしたい場合は、あいさつのひと言を入れるのもいいかもしれません。

会社員　회사원(フェサウォン)
公務員　공무원(コンムウォン)
教師　　교사(キョサ)
学生　　학생(ハクセン)
医者　　의사(ウイサ)
看護士　간호사(カノサ)
主婦　　주부(チュブ)
弁護士　변호사(ピョノサ)
エンジニア 엔지니어(エンジニオ)
料理人　요리사(ヨリサ)
社長　　사장(サジャン)

●社名など入れたい場合
株式会社　주식회사(チュシクェサ)
有限会社　유한회사(ユハヌェサ)

●あいさつのひと言を入れたい場合
こんにちは!(やや丁寧)
　안녕하십니까!(アンニョンハシムニッカ!)
こんにちは!(気軽に)　안녕!(アンニョン!)
はじめまして。　처음 뵙겠습니다.(チョウム ベッケッスムニダ。)
よろしくお願いします。
　잘 부탁합니다.(チャル ブタカムニダ。)
また会いましょう。　또 만나요.(ット マンナヨ。)

住所

日本での住所表記と同様の順番でかまいません。行政区域ごとに間をあけましょう。郵便番号はそのまま。

都　도(ト)[東京都 도쿄도]
道　도(ト)[北海道 홋카이도]
府　부(プ)[大阪府 오사카부、京都府 교토부]
県　현(ヒョン)[愛知県 아이치현、神奈川県 가나가와현、埼玉県 사이타마현、千葉県 지바현、兵庫県 효고현]
市　시(シ)[横浜市 요코하마시、名古屋市 나고야시、札幌市 삿포로시、神戸市 고베시、福岡市 후쿠오카시]
区　구(ク)[世田谷区 세타가야구、練馬区 네리마구、大田区 오타구、平野区 히라노구、青葉区 아오바구]
郡　군(クン)[諏訪郡 스와군、安芸郡 아키군、吾妻郡 아즈마군、南都留郡 미나미쓰루군]
町　❶まち　마치(マチ)[大手町 오테마치、椎名町 시이나마치、信濃町 시나노마치]
　　❷チョウ　초(チョ)[神保町 진보초、浜松町 하마마쓰초]
村　❶むら　무라(ムラ)[東海村 도카이무라、鳴沢村 나루사와무라]
　　❷ソン　손(ソン)[南郷村 난고손、読谷村 요미탄손]

※地名は日本音読みで、都道府県などの行政区域名は「町」「村」を除いてはいずれも韓国語音読みで書きます。

その他

電話、FAX、携帯電話などを載せる場合、「03」「06」「090」といった番号の最初の「0」を取って、国番号「+81」を書けばいいです。ツイッターやカカオトークなどのアカウントや、フェイスブック、ブログのURLなど書くのもいいかもしれませんね。

さぁ、最終ページのレイアウトに、同じようにあなた自身のことを書いてみましょう。そして点線をハサミなどで切り取り、旅行の際などに持っていきましょう!

ヒチョル式 超簡単ハングル講義
1日でハングルが書けるようになる本

2012年 8 月14日　初版第 1 刷発行
2023年 7 月 4 日　　第19刷発行

著　者　**チョ・ヒチョル**

編集・プロデュース　木村敬一

撮　影　学研写真部

ブックデザイン　高橋コウイチ（WF）

協　力　ホリプロ

発行人　土屋　徹
編集人　滝口勝弘
発行所　株式会社Gakken
　　　　〒141-8416
　　　　東京都品川区西五反田2-11-8

DTP製版　株式会社エストール
印刷所　　大日本印刷株式会社
製本所　　株式会社難波製本

〈この本に関する各種お問い合わせ先〉
●本の内容については、
　下記サイトのお問い合わせフォームよりお願いします。
　https://www.corp-gakken.co.jp/contact/
●在庫については
　☎03-6431-1199(販売部)
●不良品(落丁、乱丁)については
　☎0570-000577
　学研業務センター
　〒354-0045 埼玉県入間郡三芳町上富279-1
●上記以外のお問い合わせは
　☎0570-056-710(学研グループ総合案内)

©Gakken Publishing Co.,Ltd 2012 Printed in Japan

本書の無断転載、複製、複写(コピー)、翻訳を禁じます。
本書を代行業者等の第三者に依頼してスキャンやデジタル化することは、
たとえ個人や家庭内の利用であっても、著作権法上、認められておりません。

学研の書籍・雑誌についての新刊情報・詳細情報は、下記をご覧ください。
学研出版サイト　https://hon.gakken.jp/

●처음 뵙겠습니다. はじめまして。 ●잘 부탁합니다. よろしくお願いします。
●안녕! こんにちは! ●제 이름은… わたしの名前は…

「1日でハングルが書けるようになる本」特製
パーソナル名刺テンプレート

✂ (キリトリ)

처음 뵙겠습니다.

잘 부탁합니다.

안녕!

제
이름은…